RECUEIL

DES MÉMOIRES, ARRETS, REMONTRANCES, ET AUTRES PIECES,

Concernant l'affaire présente

DU PARLEMENT

DE BORDEAUX.

M DCC LVI.

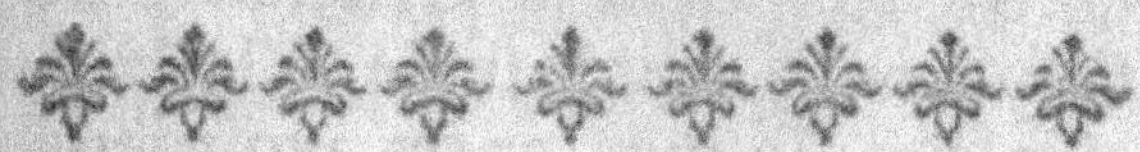

AVERTISSEMENT

OU

PRÉFACE HISTORIQUE.

Les troubles qui agitent le Parlement de Bordeaux, font par euxmêmes si compliqués & si inouis, qu'ils attirent l'attention des plus indifférens. Mais il faut avouer qu'ils deviennent encore plus intéreſſans quand on lit les faits dans les ſources qui les ont occaſionnés, qu'on les examine ſur les pieces, & qu'on les voit dans un ordre ſuivi. C'eſt ce qui a déterminé à donner au Public le Recueil des principales Pieces qui concernent cette affaire.

On a de la peine à ſe perſuader, & la poſtérité ne pourra croire, que des Lettres Patentes pour la confection du Terrier du Domai-

ne du Roi dans la Généralité de
Guyenne, soient la seule ou la principale cause qui, après avoir jetté
l'allarme dans la Province au moment qu'elles y ont paru, y aient
allumé ce terrible incendie.

Un ressort secret dirige donc ces
mouvemens. C'est M. le Chancelier qui le découvre en partie dans
une de ses Lettres, du premier
Juillet dernier, au Parlement de
Bordeaux. Il y appelle ces agita-
tions, *des* COMBATS *que les Cours Souveraines ont quelquefois avec le* MI-
NISTERE.

Ces Lettres Patentes du 15 Août
1752 pour la confection du Terrier, ont donc été déterminées par
deux principes.

Le premier est le sistême où paroit être le Ministere actuel, [ce
sont-là les *combats* dont parle M. le
Chancelier dans sa Lettre] de diminuer peu à peu la Jurisdiction
des Parlemens, de les abbatre, d'a-
néantir leur autorité pour faire prévaloir le pouvoir arbitraire, & établir le despotisme sur la ruine des

Loix. Les Arrêts du Conseil, & les voies singulieres qu'on a employées pour leur exécution, démontrent la justesse de cette observation.

Le second, c'est l'ambition démésurée du sieur Comarieu Procureur du Roi au Bureau des Finances & Domaine de Bordeaux. Fils d'un Marchand de Bayonne, il a suivi le Bareau dès ses premieres années, & il ne s'est soutenu qu'à la faveur de la protection qu'il a toujours trouvé dans le Parlement. C'est cependant cet homme, qui, au moyen d'un caractere souple & intriguant, s'est lié d'intérêt contre le Parlement, avec les Commis des Intendans des Finances ; c'est avec leur secours qu'il a commencé par dépouiller de force un homme vivant, en le contraignant de lui vendre la charge de Procureur du Roi pour quarante mille livres ; quoique dans le même tems on en eut offert plus de quatre-vingt mille livres. Le sieur Comarieu n'en a payé ni principal, ni intérêts.

La suite a répondu à ce début.

Une Commission pour faire le Papier Terrier de la Généralité de Guyenne, & pour juger en dernier reſſort toutes les matieres contentieuſes qui pourroient naître à l'occaſion du Terrier, même toutes les matieres indécentes ou connexes, lui parut un moyen aſſuré de faire ſa fortune, en devenant le fléau de la Province. Il en ſollicita les Lettres Patentes, & les obtint en 1752. Elles portent de plus le pouvoir aux Commiſſaires d'évoquer par devant eux tous les procès qu'ils jugeroient avoir quelque trait aux opérations du Terrier, en quelque Tribunal qu'ils fuſſent pendans.

Le ſieur Comarieu qui agiſſoit en tout de concert avec M. de Tourny, Commiſſaire départi dans la Généralité, ne fit paroître ces Lettres Patentes qu'en 1753. Elles furent déférées le 7 Septembre au Parlement, qui s'étoit aſſemblé pour former la Chambre des Vacations. L'affaire parut importante à tout le monde. On convint qu'on n'étoit pas en état d'opiner fur le champ, & il fut dit d'une maniere vague, qu'on en délibéreroit après la S. Martin.

Les occupations domestiques firent perdre de vue les Lettres Patentes de 1752 ; chacun s'occupa du foin de faire fes vendanges, objet capital pour tous les Habitans de cette Province ; & on ne fut pas plus en état d'opiner fur cette affaire après la rentrée de la S. Martin, qu'on ne l'avoit été le 7 de Septembre précédent.

Un feul Officier de la Compagnie s'étoit férieufement occupé de cette affaire. Il annonça à l'affemblée des Chambres, qu'il avoit fait un Mémoire dont il défiroit lui faire part. On nomma des Commiffaires pour l'examiner, & dans un Bureau qui fut tenu chez un Préfident à Mortier, en l'abfence de M. le Premier Préfident, le Mémoire fut agréé, nonobftant l'infiftance de quelques-uns des Commiffaires. Le lendemain, on forma une affemblée des Chambres

d'environ une vingtaine de personnes, où malgré les repréſentations de trois ou quatre Magiſtrats
des plus éclairés, l'Auteur du Mémoire eut l'adreſſe de le faire
adopter.

Tout le but de ce Mémoire
étoit d'incorporer parmi les Commiſſaires, deſtinés par les Lettres
Patentes pour la confection du Terrier, un certain nombre d'Officiers
du Parlement ; de demander que
l'on déterminât le tems que devoit
durer la Commiſſion, & qu'il lui
fût défendu d'étendre ſa Juriſdiction à d'autres matieres qu'à celles
du Terrier, ſous prétexte d'incidence ou de connexité. Dans ce
point de vue, on alléguoit l'incapacité des Treſoriers de France
pour juger en dernier reſſort des
matieres qui étoient ſi fort au deſſus de leur portée ; les allarmes de
tous les Seigneurs de Terres & poſſeſſeurs de Fiefs, ſi on ne leur don-
noit d'autres Juges que les Treſoriers de France : mais on aſſuroit
que la confiance prendroit bientôt

la place de ces allarmes, s'ils comptoient parmi leurs Juges quelques Officiers du Parlement versés dans ces matieres & accoutumés à les juger.

Le Parlement ne tarda pas à reconnoître le piege qu'on lui avoit tendu. Il jugea que le sistême de l'Auteur du Mémoire étoit aussi peu convenable à sa dignité, & aussi indécent que les Lettres Patentes de 1752 étoient contraires au droit public du Royaume, & à la Jurisdiction essentielle du Parlement sur le Domaine du Roi en matiere contentieuse. En conséquence il fut délibéré de reclamer contre lesdites Lettres Patentes; & pour appuyer cette reclamation, on députa M. le Président de Gasc, au zele duquel on ne peut refuser beaucoup d'éloges.

Le Parlement engagea d'abord l'affaire par des Mémoires qui furent présentés à M. de Machault, alors Controlleur Général. N'étoit-il pas en droit, & n'auroit-il pas mieux fait de commencer par ordonner que les Lettres Patentes seroient rapportées au Greffe pour y être vérifiées, s'il y avoit lieu; & cependant faire défenses de les exécuter.

M. le Controlleur Général communiqua les Mémoires aux Treforiers de France. Ceux-ci y répondirent; le Parlement repliqua, & mit les motifs de sa reclamation dans la plus grande évidence. Il demandoit sans cesse que l'examen de ses Mémoires fut fait suivant les principes du droit public & de la légiflation; & c'est ce qu'il n'a jamais pu obtenir.

Le Parlement offroit de juger sans épices. Et pour donner des preuves de son défintéreffement, il demandoit que l'appel de toutes les Sentences rendues par les Commiffaires du Papier Terrier, dans toutes les affaires qui intéreffercient quelques-uns de ses Magiftrats à l'occafion de leurs hommages & dénombremens, fût porté au Parlement de Paris par une attribution particuliere.

On avance avec confiance que
les Mémoires du Parlement dans
cette affaire font des chefs d'œu-
vres en ce genre. On les placeroit
dans ce Recueil avec plaifir ; &, fi
on ne craignoit pas de furcharger
le public, on y mettroit également
les Mémoires des Treforiers de
France ; mais comme ils font tous
imprimés, on fe contentera de donner ici le premier Mémoire du Parlement, qui porte avec lui la plus
vive lumiere. On y ajoutera feulement des Notes fuccintes, faites
par le Parlement fur le fecond Mémoire des Treforiers de France,
& qui font demeurées manufcrites.

Pendant que cette affaire fe fui-
voit au Confeil, il en eft furvenu
une autre, dont le recit fuccint ache-
vera de démontrer le caractere en-
treprenant du fieur Comarieu.

Les Maire, Sous-Maire, & Jurats, Gouverneurs de Bordeaux,
Juges Criminels & de Police, rendirent une Ordonnance le 26 Juin
1754, portant défenfe de faire re-
battre dans les rues de la Ville

des tonnes de sucre, des bariques de vin, des barils de bœuf, de beurre & autres marchandises : ce qui occasionne une continuelle dégradation du pavé, un embarras pour le passage, beaucoup d'autres inconvéniens, & peut causer quantité d'accidens.

Cette Ordonnance parut au sieur Comarieu attaquer tout à la fois, son autorité, ses droits & la jurisdiction du Bureau. Il se hâta de représenter qu'ayant la direction de la Voyrie, il étoit seul en droit de requérir, & le Bureau d'ordonner sur tout ce qui pouvoit obstacler les rues, comme ils le font sur ce qui regarde les grands chemins ; & sur ses conclusions, le 10 Juillet 1754 les Tréforiers de France *casserent l'Ordonnance rendue par les Maire & Jurats de Bordeaux, comme attentatoire, & donnée par Juges incompétens ; & cependant ordonnerent que les Reglemens de Voyries seroient exécutés selon leur forme & teneur.*

Cette Ordonnance fut affichée avec affectation dans la Ville de

Bordeaux , & signifiée au Procureur Syndic des Jurats. Celui-ci
leur rendit compte de cette entreprise, exposa disertement les droits
& possession des Jurats , & l'incom-
pétence du Bureau des Finances ;
sur son Requisitoire & ses Conclusions , il fut rendu une nouvelle Ordonnance par les Maire & Jurats,
le 24 Juillet , par laquelle ils *cassent
l'Ordonnance rendue par les sieurs Trésoriers de France , comme attentatoire à
la jurisdiction politique , & rendue par
Juges incompétens ; en conséquence or-
donnent que l'Ordonnance de Police du
26 Juin dernier sera exécutée selon sa
forme & teneur , & la présente Ordonnance lue , publiée & affichée , &c.*

Le Procureur-Général du Roi
informé de ces faits , exposa à la
Cour l'indécence & l'irrégularité
de pareilles Ordonnances ; combien elles étoient contraires au bon
ordre , & ne pouvoient que retarder l'exécution des Reglemens les
plus sages. Sur ses Conclusions il
intervint Arrêt le 25 Juillet 1754 ,
qui casse & annulle , tant l'Ordonnance

du Bureau des Tréforiers de France que celle des Maire & Jurats ; fait inhibitions & défenses , tant auxdits Maire & Jurats , qu'au Bureau defdits Tréforiers d'en rendre & prononcer à l'avenir de femblables , à telles peines que de droit. Ordonne néanmoins que l'Ordonnance des Jurats du 26 Juin dernier fera exécutée par provifion : enjoint, tant auxdits Tréforiers de France, qu'aux Maire & Jurats de fe pourvoir en la Cour pour y être ftatué fur le conflit formé entr'eux , conformément à ce qui eft prefcrit par les Ordonnances ; & que l'Arrêt fera imprimé , &c.

Le fieur Comarieu ne put fe contenir à la vue de cet Arrêt. Il préfenta Requête au Confeil en caffation. Elle eft fi curieufe qu'on l'inferera ici en entier à l'exception de ce qui n'eft que de ftile. Le fieur Comarieu y découvre naturellement fon deffein ambiteux , & & celui des Tréforiers de France. La voici :

« L'Arrêt rendu par le Parlement „ de Bordeaux , contre lequel le „ Bureau des Finances reclame ,

„ casse tant l'Ordonnance du Bu-
„ reau des Finances que celle des
„ Maire & Jurats de Bordeaux ; fait
„ inhibitions & défenses tant aux-
„ dits Jurats qu'auxdits Tresoriers
„ de France d'en rendre & pronon-
„ cer à l'avenir de semblables, à
„ telle peine que de droit : ordon-
„ ne néanmoins que l'Ordonnance
„ des Jurats sera exécutée par pro-
„ vision ; enjoint tant auxdits Tré-
„ soriers de France, qu'aux Jurats
„ de se pourvoir en la Cour pour
„ y être statué sur le conflit formé
„ entr'eux, conformément (est-il
„ dit) à ce qui est prescrit par les
„ Ordonnances : au surplus, or-
„ donne que le présent Arrêt sera
„ imprimé, lu, publié & affiché
„ par tout où besoin seroit.

„ Cet Arrêt méconnoit & blesse
„ la Jurisdiction du Bureau des Fi-
„ nances, en ce qu'il se permet de
„ juger, & de reformer une Ordon-
„ nance rendue en direction de
„ Voyrie ; que de plus il accorde
„ la provision aux Jurats. Il mé-
„ connoit encore l'état du Treso-

,, rier de France , & les privïleges
,, de fa perfonne , en ce qu'il dé-
,, fend au Bureau de prononcer à
,, l'avenir *par caſſation* d'Ordonnan-
,, ces qui attenteront à fa Jurifdic-
,, tion ; en ce que cette défenſe eſt
,, faite *fous telles peines que de droit* ;
,, en ce qu'enfin il *enjoint* aux Tre-
,, foriers de France de comparoître
,, eux-mêmes au Parlement pour
,, fe faire regler fur le conflit, con-
,, formément , eſt-il dit , à ce qui
,, eſt prefcrit par les Ordonnances;
,, c'eſt-à-dire fur le même pied &
,, à l'inſtar des Officiers Subalter-
,, nes. Ces diverfes prononciations
,, font autant de contraventions
,, aux Edits , autant de griefs dans
,, le fond, que de nullité dans la
,, forme.

,, L'Etat des Treforiers de Fran-
,, ce eſt celui d'Officiers de *Com-*
,, *pagnies Supérieures* ; cet état n'a
,, jamais varié.

,, Leurs fonctions , toutes fans
,, referve, n'étoient fubordonnées
,, qu'au Confeil de S. M. avant l'E-
,, dit de 1627. Si cet Edit & celui

,, de 1694 leur ont attribué une
,, partie de Jurisdiction contentieu-
,, se, sujette à l'appel aux Parle-
,, mens, c'est du moins sous la con-
,, dition exprimée dans l'un & l'au-
,, tre titre, que cette attribution ne
,, porteroit point atteinte à leur
,, premier état *d'Officiers de Cour Su-*
,, *périeures*, comme aussi nommé-
,, ment & spécialement, que sous
,, le prétexte de l'appel ils ne se-
,, roient aucunement tenus à recep-
,, tion, ni à comparence dans les
,, Cours de Parlemens.

,, L'Arrêt rendu par le Parlement
,, de Bordeaux blesse sans ménage-
,, ment ces principes.

,, Il défend aux Tresoriers de
,, France de prononcer *par cassation*
,, d'une Ordonnance rendue par
,, des Juges municipaux, qui at-
,, tente à leurs droits & à leur com-
,, pétence. En cela il les assimile
,, aux Juges Subalternes de son
,, Ressort, au mépris du droit in-
,, contestable qu'ils ont de proce-
,, der, comme procedent tous les
,, Officiers de *Compagnies Supérieu-*

» *res* ; au mépris encore de l'usage
» & de la possession (approuvée du
» Conseil) où ils sont de casser de
» pareilles Ordonnances attenta-
» toires à leur Jurisdiction.

» L'Arrêt défend encore *sous les*
» *peines telles que de droit.* Ensorte
» que si le Bureau des Finances, qui
» ne doit par état reconnoître dans
» cette partie , que l'autorité seule
» du Conseil , eut méprisé cette
» défense sur le fondement des
» Edits qui établissent incontesta-
» blement son indépendance per-
» sonnelle , le Parlement se trou-
» voit engagé à décreter les Tre-
» soriers de France, à les interdire
» dans leurs fonctions ; en un mot ,
» à exercer contr'eux la même cor-
» rection qu'il exerceroit en pa-
» reille occurrence contre les Of-
» ficiers qui sont soumis à sa disci-
» pline. Ce progrès étoit inévita-
» ble.

» L'Arrêt enjoint aux Tresoriers
» de France de venir par eux-mê-
» mes défendre au Parlement leur
» Jurisdiction sur la matiere. C'est

,, à-dire qu'il les préfupofe fujets
,, à citation, à l'inftar des Juges
,, Subalternes. Si la teneur des
,, Edits de 1627 & 1694 a pu échap-
,, per au Parlement, du moins n'eft-
,, il point excufable d'avoir refufé
,, fon attention à un dernier Arrêt
,, rendu par le Confeil le mois de
,, Février de la préfente année 1754,
,, qui caffe fans referve & fans au-
,, tres modifications, pareil Arrêt
,, de ce Parlement portant déclara-
,, tion d'un droit de compétence en
,, faveur du Sénéchal de Bordeaux,
,, faute par les Treforiers de France
,, d'avoir comparu devant lui, pour
,, défendre au conflit formé en-
,, tr'eux & la Sénéchauffée.
,, Le même Arrêt enfin qualifie
,, *Subftitut du Procureur-Général*, le
,, Procureur du Roi du Bureau des
,, Finances, dont le titre commun
,, d'Officier de *Compagnie Supérieure*,
,, excluroit à lui feul, toute idée
,, de cette dépendance. ,,
Cette Requête fut préfentée à M.
le Controlleur-Général qui l'envoya à M. le Procureur-Général en

lui demandant en même tems les motifs de l'Arrêt. C'est ce qui donna lieu à un Mémoire qui a été imprimé sous le titre de *troisieme Mémoire pour le Parlement contre les Tresoriers de France*. Ce Mémoire ne laisse rien à désirer pour la justification de l'Arrêt & sur le fait de la Voyrie.

On se flatoit qu'en continuant à fournir des Mémoires & des Instructions, le Parlement obtiendroit enfin une justice qu'il étoit en droit de se rendre à lui-même : mais sa modération, l'oubli de ses propres droits, & sa défense mise dans le plus grand jour ne lui ont servi de rien. Les Commis ont lu les Mémoires, & les Intendans des Finances ont condamné le Parlement, parce qu'il y va, disent-ils, de l'autorité du Roi. Ils ajoutent que le Parlement a vu ériger sous ses yeux, des Commissions pareilles pour la confection de Papiers Terriers de plusieurs Seigneurs engagistes, sans avoir reclamé.

Il est vrai que le 10 Mars 1747,

M. le Duc de Richelieu obtint des Lettres Patentes pour la confection des Terriers des Comtés d'*Agenois & Condommois* engagés le 11 Mars 1642 : que ces Lettres-Patentes commettoient les sieurs de Tourny Intendant & d'Abbessard Président au Présidial pour la confection dudit Terrier, & le sieur Dumas Procureur de la Commission à la charge de *l'appel au Conseil*.

Ces premieres Lettres n'ayant pas eu d'exécution, le 8 Janvier 1753 le sieur Comarieu trouva le moyen de se faire substituer au sieur Dumat dans les nouvelles Lettres qui furent obtenues : ces Lettres commirent les sieurs de Tourny Intendant, Canpos Conseiller de Grand-Chambre, Tilhaut, Chauvet, Lozes & Carthon Trésoriers de France, pour la confection dudit Terrier, avec attribution pour juger *en dernier Ressort* toutes les contestations nées & à naître à ce sujet ; & déclaration que les jugemens pourront être prononcés par trois des Commissaires seulement ;

mais on ne voit pas que ces fecon-
des Lettres Patentes ayent été plus
exécutés que les premieres.

Il eft encore vrai que le 18 Mars
1749 M. de Pons obtint de pareilles Lettres Patentes pour la confection du Domaine de la Prévôté
d'Entre-deux-Mers, engagé le 16
Septembre 1745, qui commettent
les fieurs de Tourny Intendant,
Chaperon Tréforier de France,
Sorlus & Fourcade Avocats pour
la confection de ce Terrier, à la
Requête du fieur Dublan; à la charge de juger toutes les conteftations,
fauf l'appel au Confeil.

Mais le 22 Mars 1756 le Parlement, fur une Requête préfentée
par le fieur Maffip, " a caffé une
,, Ordonnance rendue par les foi-
,, difant Commiffaires nommés
,, pour la confection du Papier Ter-
,, rier, en dernier reffort de la Pré-
,, vôté Royale *d'Entre-deux-Mers*,
,, à la Requête du Comte de Pons,
,, comme rendue par Juges incom-
,, pétens & fans caractere ; Comme
,, auffi a caffé l'exploit d'affignation

,, donné en conséquence devant lef-
,, dits Commiffaires le 24 dudit
,, mois de Fevrier à la partie de
,, Penicaultvieux par le Comte de
,, Pons , & tout ce qui a fuivi ou
,, pourroit s'enfuivre , avec dom-
,, mages & interêts modérés à dix
,, livres & aux dépens , dont la taxe
,, refervée : fait inhibitions & dé-
,, fenfes audit Comte de Pons de
,, s'aider & fervir de ladite Ordon-
,, nance & Exploit , & de fe pour-
,, voir ailleurs , pour le fait dont il
,, s'agit , que pardevant les Juges
,, qui doivent en connoître , fauf
,, l'appel en la Cour , à peine de
,, 1000 liv. , nullité & caffation de
,, procedure , & de tous dépens ,
,, dommages & interêts ; & à mêmes
,, peines , & de fufpenfion en leurs
,, charges contre tous Huiffiers &
,, Sergens, de ramener à exécution
,, contre ladite partie de Peni-
,, caultvieux , aucunes Ordonnan-
,, ces defdits Commiffaires au Pa-
,, pies Terrier , ce concernant ; au
,, furplus , faifant droit des conclu-
,, fions du Procureur-Général du

,, Roi , ordonne que par tout le
,, jour Reſtels ſoi-diſant Greffier
,, de ladite Commiſſion remettra
,, au Greffe de la Cour les Lettres
,, Patentes alléguées du 8 Avril
,, 1753 , à quoi faire ledit Reſtels
,, ſera contraint par corps , pour ce
,, fait , ou à faute de ce faire , être
,, ſtatué ce qu'il appartiendra. ,,

On convient encore que le 5
Avril 1753 M. de Caumont Duc de
la Force obtint également des Lettres Patentes pour la confection du
Terrier du Domaine de la Ville de
Bergerac , engagé le 30 Avril 1596 ;
que ces Lettres commettent les
ſieurs de Tourny Intendant , Chaperon , Dilbor-de la Borde , Cholet
& Carthon Tréſoriers de France ,
pour à la requête du ſieur Comarieu faire ledit Terrier , & juger
les conteſtations nées & à naître ſur
icelui *en dernier reſſort.*

Mais le Parlement par Arrêt rendu le 17 Juin 1755 , entre la Dame
veuve d'Augeard Préſident à Mortier en la Cour , ledit ſieur de Caumont Duc de la Force , & le Pro-
cureur-

cureur-Général du Roi, `` a caſſé
,, une Ordonnance rendue par les
,, ſoi-diſant Commiſſaires nommés
,, par le Roi pour la confeƈtion *en*
,, *dernier reſſort* du Papier Terrier
,, du Domaine de Bergerac, par les
,, Lettres Patentes du 5 Avril 1753,
,, comme donnée par Juge incom-
,, pétent & ſans caraƈtere, enſem-
,, ble ce qui peut s'en être enſuivi ;
,, ſait inhibitions & défenſes aux
,, Parties de s'en aider & ſervir à
,, peine de tous dépens, dommages
,, & interêts, & de ſe pourvoir ail-
,, leurs que pardevant les Juges à
,, qui la connoiſſance en appartient,
,, *ſauf l'appel en la Cour*, & à tous
,, Huiſſiers & Sergens de la rame-
,, ner à exécution, à peine de mille
,, livres, & d'interdiƈtion dans les
,, fonƈtions de leurs Offices. Et fai-
,, ſant droit des concluſions du
,, Procureur - Général du Roi, a
,, caſſé & caſſe, tant l'Ordonnance
,, rendue par les mêmes Commiſ-
,, ſaires le 18 Mars dernier, que
,, l'aſſignation du 17 Avril ſuivant
,, donnée en conſéquence de ladite

,, Ordonnance ; fait auſſi inhibi-
,, tions & défenſes aux Parties de
,, s'en aider & ſervir , & de ſe
,, pourvoir ailleurs que pardevant
,, les Juges qui en doivent connoî-
,, tre ; comme à tous Huiſſiers &
,, Sergens de ramener aucunes Or-
,, donnances deſdits Commiſſaires
,, ce concernant à exécution , à mê-
,, mes peines que deſſus : enjoint
,, au Greffier de la Commiſſion de
,, remettre , par tout le jour , au
,, Greffe de la Cour , les prétendues
,, Lettres Patentes portant Com-
,, miſſion dudit jour 5 Avril 1753 ,
,, pour y être vérifiées , s'il y a lieu ;
,, autrement & faute de ce faire , le
,, délai paſſé , il y ſera contraint
,, par corps , &c. ,,

On a vu avec le dernier étonne-
ment le ſieur Carthon , l'un des
Commiſſaires , faiſant pour le ſieur
Comarieu , s'élever dans un Requiſitoire contre cet Arrêt , expoſer
qu'il s'eſt pourvu au Conſeil , & le
4 Juillet 1755 ſur ſes concluſions ,
leſdits *Commiſſaires , faire inhibitions*
& défenſes à la Coſte Greffier commis

de la Commiſſion, & à tous autres dépoſitaires deſdites Lettres Patentes du 5
Avril 1753, d'obéir audit Arrêt, &
en conſequence de ſe déſaiſir deſdites Lettres, ſous quelque prétexte, & pour quelque cauſe que ce puiſſe être. Cette ſen-
tence a été ſignifiée à M. le Procureur Général le 7 Juin 1755.

Le 10 du même mois M. le Procureur Général rendit compte au
Parlement de cette Ordonnance &
de cette ſignification, & la Cour
par un Arrêt ſur ſes concluſions a
caſſé ladite Ordonnance..... ordonne
qu'elle ſera biffée & batonnée par le
Greffier de la Cour, enſemble la ſignification d'icelle : fait défenſes auxdits
Chaperon, Tholet & la Borde d'en donner, & audit Carthon d'en requérir de
pareilles à l'avenir, à telles peines que
de droit, & à tous Huiſſiers & Sergens
de les ſignifier & ramener à exécution à
peine de 1000 liv. d'amende, & d'interdiction de leurs fonctions ; & en conſequence ordonne que l'Arrêt dudit jour
17 Juin ſera exécuté ſelon ſa forme &
teneur : ce faiſant que la Coſte Greffier de
la prétendue Commiſſion, & tous autres

depositaires desdites Lettres Patentes se-
ront contraints par les voyes portées par
ledit Arrêt.

On ne sçait ce qu'on doit admi-
rer ici le plus , ou l'excessive modération du Parlement , ou l'indécence & l'irrégularité de l'Ordonnance des soi-disant Commissaires.

On a encore connoissance que
le sieur Comarieu a obtenu du Conseil le 23 Février 1754 une amplia-
tion aux Lettres Patentes du 15.
Août 1752 , qui nomme les mêmes
Commissaires pour la confection *en*
dernier ressort du Papier Terrier des
Domaines du Roi engagés dans la
Généralité de Guyenne , autres que
ceux de l'Agenois , d'Entre-deux-
Mers & de Bergerac , qui seront re-
formés par les soins des Commissaires députés à cet effet. Mais ces
nouvelles Lettres n'ont pas eu plus
d'exécution que celles de 1752 ,
auxquelles elles sont étroitement
liées , dont elles dépendent , & auxquelles le Parlement s'est opposé.

Peut-on donc sans injustice re-
procher au Parlement son silence.

S'il a eu tort de ne pas s'élever dans le principe contre toutes ces Commissions, ceux qui lui objectent cette inaction doivent convenir au moins qu'il a agi au moment qu'elles lui ont été connues, qu'il a arrêté l'effet des Commissions & l'activité des Commissaires, en cassant & annullant tous les jugemens qui parvenoient à sa connoissance, & en ordonnant que les Lettres Patentes seroient déposées au Greffe de la Cour pour y être vérifiées s'il y avoit lieu.

C'est dans ces circonstances & sur l'avis de Messieurs les Intendans des Finances que fut rendu l'Arrêt du Conseil du 16 Septembre 1755, qui ordonne que les Lettres Patentes du 15 Août seront exécutées.

A peine cet Arrêt fut-il connu du Parlement, qu'il arrêta de faire au Roi de très-humbles & très-respectueuses Remontrances, & par son Arrêt du 13 Novembre il ordonna aux Tresoriers de France de proceder sans délai à la confection du Papier Terrier des Domaines du

Roi , *sauf l'appel au Parlement* de
toutes les affaires contentieuses.

Le 25 Novembre, Arrêt du Conseil qui casse l'Arrêt du Parlement.
Les Commissaires s'autoriserent de
cet Arrêt pour proceder à l'exécution de leur Terrier en vertu des
Lettres Patentes, & rendirent une
Ordonnance le 10 Septembre sur
laquelle , ainsi que sur l'Arrêt du
Conseil , le Parlement arrêta le 12
du même mois qu'il seroit ajouté
un article aux Remontrances : elles
ont été envoyées le 16 Janvier
1756.

Les Arrêts du Parlement , ni ses
Remontrances portées aux pieds
du Trône n'arrêterent pas les Commissaires. Ils rendirent deux Ordonnances les 16 Janvier & 13 Fevrier 1756 en exécution des Lettres Patentes de 1752 , que le Parlement cassa par ses Arrêts des 12
& 30 Mars de la même année , &
décreta d'ajournement personnel
Roux Procureur qui avoit signé les
Requêtes , les sieurs Carthon &
Courtieu Présidens , de la Borde-

Delbos Rapporteur, & Comarieu qui avoit donné des Conclusions.

Ces deux Arrêts furent cassés par ceux du Conseil des 31 Mars & 11 Avril suivant, ainsi que les décrets prononcés par iceux ; & ces Arrêts ont été signifiés au Procureur Général du Roi par Vassal Huissier, les 13 & 22 Avril de la même année.

Le douze du même mois, Roux Procureur ayant comparu sur son décret & presenté Requête, le Parlement leva son interdit & le renvoya dans ses fonctions ; & faisant droit sur les conclusions du Procureur Général du Roi, ordonna qu'à sa requête, il seroit informé des contraventions faites à ses Arrêts par les Tresoriers de France, qui n'ayant pas comparu sur leurs décrets avoient continué les fonctions de leurs charges.

Les 13 Mars & 28 Avril, le Parlement, sur le compte qui lui fut rendu par le Procureur Général du Roi des deux Arrêts du Conseil & des significations qui lui en avoient été faites, arrêta qu'il ne pouvoit prendre lecture desdits Arrêts n'é-tant point revêtu de Lettres Paten-tes, & qu'il seroit fait au Roi de très-humbles Remontrances, & cependant que ses Arrêts & Arrêtés seroient exécutés jusqu'à ce qu'il ait plu au Seigneur Roi d'écouter favorablement les Remontrances de son Parlement, & de lui faire connoître ses volontés d'une maniere autentique & conformément aux Loix du Royaume.

Le 9 Mai, Arrêt du Conseil qui casse celui du Parlement du 13 Avril, & ordonne que l'ancien de chaque Chambre & l'ancien Président qui auroient assisté à la délibération dudit jour, se rendront à la suite du Conseil pour y rendre compte de la conduite du Parlement : fait défenses à tous Greffiers d'expédier & signer de pareils Arrêts, & à tous Huissiers de les signifier.

On supprime ici toutes les reflexions. Cet Arrêt, dont l'énoncé seul caractérise la surprise, fut signifié par Vaſſal au Procureur Général du Roi le 18 du même mois. Dans ce même tems, l'ordre porté par l'Arrêt eſt réitéré & notifié à chacun de ces Meſſieurs par des ordres particuliers ; & des Lettres de Cachet exilent trois Officiers de la Compagnie, M. de Griſlac à Yſſoire, M. Carriere à Bourges, & M. le Préſident de Gaſcq Député du Parlement à la ſuite de cette affaire, à Soiſſons. Le premier a couru de très-grands dangers en ſe rendant dans le lieu de ſa deſtination, & a été obligé avec ſon Epouſe, qui a partagé ſa diſgrace, de faire une partie du chemin à pied. Le ſecond, qui a perdu quelque tems auparavant une Femme douée de toutes les qualités de l'eſprit & du cœur, a laiſſé en partant ſon unique fils, l'eſpérance de ſa famille & toute ſa conſolation, attaqué d'une maladie dangereuſe & ſes affaires dans un aſſez grand déſordre.

Le 11 Mai, autre Arrêt du Conſeil, ſignifié au Procureur Général par Vassal le 22 , qui casse & annulle le l'Arrêt du Parlement du 28 Avril précédent , interdit le Greffier en chef qui l'a signé; & Piet Huissier, qui en a fait la signification à la requête du Procureur Général , est conduit au château Trompette par des Archers de la Maréchauffée.

A ces coups redoublés , le Parlement délibéra d'aller aux pieds du Trône porter ses justes & respectueuses représentations par une députation solemnelle en la maniere accoutumée.

Cette grace refusée , le Parlement , livré à sa juste douleur , ne s'occupe que de sa justification , & arrête que sur tous ces objets , il sera fait au Roi de très-humbles Remontrances. Ces mêmes objets paroissent d'un autre côté si intéressans au premier Parlement du Royaume , qu'il éleve sa voix & délibere d'exposer au Roi ses justes allarmes. Les Remontrances de Bordeaux ont été envoyées le 24 Juillet, celles du Parlement de Paris ont été présentées le 22 Août, &

cependant les choſes reſtent dans le même état. Le Sanctuaire de la Juſtice fermé, le Parlement opprimé, trois de ſes Officiers diſperſés, les autres ſans liberté, ſans credit, ſans autorité ; le Greffier interdit, l'Huiſſier dans les fers, le peuple ſans appui, ſans protection, ſans Juges. Tous ces faits ſe développeront ſucceſſivement par la lecture des pieces, la ſurpriſe paroîtra manifeſte, la juſtification du Parlement complette, ſa conduite irréprochable, & les Arrêts, Arrêtés, & Remontrances plus ſenſibles & plus intéreſſans.

LETTRES
PATENTES
DU ROI,

Pour la confection en dernier Ressort du Papier Terrier du Domaine du Roi de la Généralité de Guienne.

Du 15 Août 1752.

LOUIS, par la grace de Dieu, Roi de France & de Navarre, A notre amé & féal le sieur Aubert de Tourny, Conseiller en nos Conseils, Intendant de Justice, Police & Finances en la Généralité de Bordeaux, & à nos amés & féaux Conseillers les Présidens Trésoriers de France au Bureau des Finances de ladite Généralité, Salut. Quelque attention que Nous & les Rois nos prédécesseurs ayons eu à chaque avenement, d'ordonner qu'à la diligence de nos Procureurs Généraux en nos Chambres des Comptes & Bureaux des Finances, nos Vassaux, Seigneurs des Fiefs, Maisons Nobles, & généralement tous Propriétaires des biens relevans de Nous, seroient tenus de nous faire les foi & hommages à Nous dûs, & fournir leurs dénombremens dans les délais prescrits, ainsi que les Censitaires, leurs reconnoissances, & notamment le feu Roi notre très-honoré Seigneur & Bisayeul par ses Déclarations des mois de Juillet 1656, Novembre 1657 & Mars 1658 ; néanmoins Nous sommes informés que les Edits des années 1498, 1539, 1566, 1579, 1667, 1669 & 1681, les Déclarations des mois d'Avril 1686 & & 13 Août 1709, & l'Arrêt de notre Conseil du 23 Décembre 1625, rendu contradictoirement avec les Députés des trois Etats de ladite Généralité de Bordeaux, & les Reglemens faits pour le renouvellement des Terriers de cette Province, n'y avoient été que très-imparfaitement exécutés, & qu'ainsi bien loin par nos précédens Commissaires, d'avoir pourvu pour les tems à venir à la conservation de nos Domaines dans ladite Généralité de Bordeaux, le désordre dans cette partie avoit accru au point d'en faire craindre un entier déperissement, s'il n'y étoit incessamment pourvu par les voies les plus convenables : Nous avons sur ce consideré que nos précédentes Commissions pour la réformation

de nos Domaines ayant été la plupart at-
tribués en feuls à nos Gommiffaires dé-
partis dans la Province de Guienne , ils
n'avoient pu fuffire par les grandes occupations dont ils font d'ailleurs furchargés,
à donner à la confection des Terriers , les
foins multipliés que ces opérations exigent , qu'il étoit néceffaire pour en affu-
rer le fuccès , de leur donner de plus grands
fecours , & que rien n'étoit plus convenable que d'en commettre auffi l'exécution
aux Officiers de notre Bureau des Finances,
qui par leur nombre & le zele qu'ils nous
témoignent pour le même intérêt , peuvent
mieux que tous autres en accelerer les progrès : A ces caufes & autres , à ce nous
mouvans , étant bien informé de la connoiffance que vous avez de nos Domaines ,
& votre affection & fidélité Nous étant
parfaitement connues , nous vous avons
commis, députés, commettons & députons
par ces préfentes fignées de notre main ,
pour à la Requête de notre amé & féal le
fieur de Comarrieu notre Procureur au Bureau des Finances de Guiene que Nous
avons auffi pour ce député , pourfuite &
diligence de nos Receveurs Généraux , &
Fermiers des Domaines dans ladite Généralité , faire appeller pardevant vous tous
les Vaffaux , poffeffeurs & détempteurs des
Seigneuries , Terres & Fiefs , & droits de
toute efpèce , dépendans ou relevans de nos
Duché & Comtés de Guienne , ou immé-

diatement de notre Couronne ou autrement de Nous, à cause de nos autres Domaines, situés dans ladite Généralité, en ce qui est seulement du Domaine, étant actuellement dans nos mains, pour vous représenter par nosdits Vassaux les actes de foi & hommage qu'ils Nous auront rendus ; & en cas qu'ils ne l'ayent fait, leur ordonner de les rendre en notre Bureau des Finances de Bordeaux, ou autrement ailleurs où besoin seroit, & vous en rapporter les actes en bonne forme, dans le tems que vous leur prescrirez ; passé lequel tems vous ferez proceder par saisie féodale sur lesdits Fiefs, Terres & Seigneuries.

En outre obligerez lesdits particuliers à vous fournir leurs aveux & dénombremens exacts, & par le menu, de la consistance desdits Fiefs, Terres & Seigneuries, des droits qui en dépendent, des arrieres Fiefs qui en sont mouvans, desquels droits & redevances ils sont chargés, & généralement de nombrer toutes les choses quelconques qui composent lesdites Seigneuries, Terres & Fiefs, sans y rien omettre, sous peine de réunion à notre Domaine des choses omises, lesquels aveux & dénombremens seront communiqués de votre ordre aux Sénéchaux des lieux où lesdits biens sont situés, ou à tel autre de nos Officiers que vous jugerez à propos, même confrontés avec les anciens aveux & dénombremens ci - devant fournis par les posseffeurs defdits biens, lefquels à cet effet vous ferez vérifier lorfque vous le jugerez à propos, aux archives de notredit Bureau, & par tout où befoin fera, pour examiner & connoître fi lefdits nouveaux aveux & dénombremens font vrais, & admiffibles, où s'il convient de les rejetter conformément aux blâmes qui feront fournis par notre Procureur, après communication faite defdits aveux & dénombremens, aufdits Receveurs Généraux & Fermiers de notredit Domaine ; enjoignons de par Nous, à tous Juges, Officiers & autres, de vous déclarer & faire connoître s'il y a aucune chofe omife, entreprife ou ufurpée fur nos droits, & fur ceux d'autrui; ce qu'ils feront tenus de vous déclarer, fous telle peine que vous jugerez convenable; & en cas que vous jugiez lefdits aveux & dénombremens bons & devoir être reçus, vous en donnerez acte aufdits posseffeurs par vos Ordonnances.

Ferez femblablement travailler à la confection exacte du nouveau papier Terrier de toutes les Maifons, Terres & héritages de notre cenfive, Seigneurie & directe, étant actuellement dans nos mains dans l'étendue de ladite Généralité, en conformité des Arrêts de notre Confeil des 28 Decembre 1666 & 4 Janvier 1673, portant Reglement général pour la confection de nos papiers Terriers, & autres

Edits , Déclarations & Reglemens depuis
rendus ; pour cet effet ferez sçavoir par
affiches , que vous ferez poser en tous lieux
où besoin sera , à tous particuliers posse-
dans lesdites Maisons , Terres & Héritages ,
qu'ils ayent à fournir leurs déclarations &
reconnoissances passées en bonne forme ,
contenant la consistance , qualité , contenance & situation de leursdites Maisons ,
Terres & Héritages , par tenans & abou-
tissans , & de combien de censive & de re-
devance ils sont chargés , pour en cas de
fausses déclarations être par vous condamnés à les reformer , & en telles peines
que vous trouverez convenables.

Vous donnons aussi pouvoir de mettre
& imposer sur lesdites Maisons , Terres &
Héritages , dont la censive ne sera point
exprimée , tels cens annuel que vous jugerez convenable , à proportion des Maisons
& Héritages voisins ; comme aussi de bail-
ler à cens , rentes & redevances portant lods
& ventes , amendes , confiscations y échéant
selon l'usage des lieux , toutes les terres
vaines & vagues dont vous reglerez les
redevances par journaux , cesterées & autres mesures , & du tout ferez passer des
déclarations pour être inscrites au papier
Terrier.

Et en ce qui concerne tous acroissemens
nouvellement formés sur les rivieres navigables dans l'étendue de la Généralité ,
ensablemens , Isles , Islos , & autres fonds

de pareille nature , qui ne feront point encore poſſedés , ou dont les poſſeſſeurs ne pourront vous repréſenter des titres de propriété valables ; voulons & vous donnons pareillement pouvoir de proceder à l'adjudication d'iceux au plus offrant , en rentes annuelles , au profit de notre Domaine , par publications en la forme ordinaire , ſauf une derniere publication , & l'adjudication diffinitive qui ſera faite en notre Château des Thuilleries , pardevant les ſieurs Commiſſaires députés pour la revente des Domaines.

A l'effet de quoi vous ferez aſſigner pardevant vous tous propriétaires & détempteurs des places de Villes , terres vaines & vagues , bruyeres & paturages , prés , palus , isles , islots , ilettes , accroiſſemens formés dans les lits & ſur les bords des rivieres navigables , ſur les côtes de la mer , ou à vue de terre , maiſons , édifices , & droits ſur leſdites rivieres & côtes maritimes , dunes , grêves & enſablemens y abordans , enſemble tous poſſeſſeurs de places qui ont ſervi aux temparts , foſſés & fortifications , tant anciennes que nouvelles des Villes , ſoit que les poſſeſſeurs les tiennent à titre d'accenſement , dons , conceſſion , ou engagemens à charge de cens , rentes , redevances ou autrement , droits de péage , pontage , pêche ou paſſage , & généralement tous autres biens & droits , ſans aucuns en excepter , dépendans

& relevans de nosdits Domaines, pour
qu'ils ayent à vous representer les titres
en vertu desquels ils jouissent de tous les
susdits droits, pour y être par vous statué comme il appartiendra, & à défaut
de titres suffisans, être par vous procedé
à la réunion à notre Domaine ; & où les
titres de dons, concessions, engagemens,
& autres aliénations de quelque nature
qu'ils puissent être, même les Arrêts de
maintenue qui vous seront représentés,
vous paroitront vicieux, ou faits contre
& au préjudice de nos Ordonnances,
vous en dresserez vos Procès-verbaux que
vous nous enverrez avec votre avis, pour
y être par Nous pourvu en notre Conseil.

Vous procederez de plus à la recherche & liquidation des droits de cens,
rentes, lods & ventes, échanges & autres droits & devoirs Seigneuriaux qui
nous sont dûs, même à la restitution de
ceux qui auront été induement perçus à
notre préjudice, faisant contraindre les
débiteurs & autres, au payement ou restitution desdits droits, par les voies dûes
& accoutumées.

Voulons que tous ceux qui jouissent de
notredit Domaine, parts & portions d'icelui, par dons à tems, à vie ou à perpe-
tuité, & par quelque titre que ce puisse
être, même les engagistes, à cet égard
seulement, soient tenus de fournir pardevant vous dans le tems que vous leur

preſcrirez, & ce conformément aux Edits
& Déclarations ſur ce rendus, des états
exacts & détaillés, contenant par le menu, la conſiſtance deſdits Domaines,
droits, mouvances & revenus en dépendans, avec les lettres de dons, & Arrêts
de vérifications d'iceux, contrats d'enga-
gement, quittances de finances, & autres
zitres juſtificatifs de leurs poſſeſſions &
jouiſſances, pour être le tout inſcrit au
Terrier, paſſé lequel délai que vous aurez
preſcrit, il ſera par vous procedé à la réunion deſdits Domaines, parts & portions
d'iceux, & le Fermier mis en poſſeſſion,
les fruits deſquels lui appartiendront, juſqu'à ce que leſdits poſſeſſeurs ayent pleinement ſatisfait au contenu au préſent article.

Voulons que ſi aucuns prétendent poſſe-
der dans ladite Généralité des biens en
franc-aleu noble, ou franc-aleu roturier,
ils ſoient tenus de le juſtifier par des titres authentiques, & dûement reconnus
pour bons, deſquels ils déclareront expreſſément s'ils veulent ſe ſervir, à l'effet de
pouvoir condamner ceux dont les titres
ſeront rejettés, à telle peine que vous
jugerez convenable; & à l'égard de ceux
dont les titres pourroient être par vous
admis, comme conformes aux Arrêts &
Reglement par Nous ſur ce rendus, ils
ſeront tenus d'en fournir leurs déclarations, contenant la ſituation, conſiſtance, tenans & aboutiſſants; leſquelles décla-

rations par vous reçues, du confentement de notre Procureur, feront infcrites audit papier Terrier.

Et faute par tous lefdits poffeffeurs de fatisfaire à tout ce que deffus dans le délai que vous aurez reglé ; ce faifant, de paffer & fournir leurs déclarations en bonne forme, & de repréfenter leurs titres & contrats pour être reçus & vérifiés en la maniere ci-devant exprimée ; il fera, à la requête de notre Procureur, procedé à leurs fraix & dépens, par faifie des fonds, fruits & revenus d'iceux, dont ils ne pourront avoir main-levée qu'en fourniffant & faifant recevoir leurfdites déclarations, & payant les fraix defdites faifies.

Et afin d'empêcher de nouvelles ufurpations, fi dans la fuite des tems quelques-uns des aveux, dénombremens & déclarations venoient à s'égarer, Nous ordonnons que par le Greffier de la préfente commiffion, il fera fait un regiftre double, cotté & paraphé par notre Procureur, & figné au premier & dernier feuillet par vous fieur de Tourny, ou en votre abfence, par l'un des plus anciens Officiers du Bureau des Finances, fur lequel règiftre feront tranfcrits tout au long lefdits aveux, dénombremens & déclarations, avec les actes de reception que vous en aurez octroyés, pour un double d'icelui être envoyé & dépofé aux archives de notre Château du Lou-

vre , & l'autre double en celles de notredit Bureau des Finances de Bordeaux ; en-
joignant audit Greffier de tranfcrire les préfentes au commencement de cedit regiftre,
à l'effet que foi y foit ajoutée, & aux expéditions d'icelui comme à l'original.

Et pour l'exécution de ce que deffus , en
tout ou partie, comme auffi pour fimpli-
fier les fraix autant qu'il fera poffible de le
faire, vous donnons pouvoir de commettre tels Notaires que vous aviferez , en
nombre fuffifant pour paffer les déclarations qui feront fournies , mais encore de
Subdéleguer fur les lieux , & à notre Procureur d'y nommer pour fes Subftituts telles
perfonnes qu'il jugera capables , lefquels
Subdélegués inftruiront jufqu'à jugement
définitif exclufivement , les affaires dont la
connoiffance leur fera par vous renvoyée.

Vous donnons pouvoir de choifir tels
Arpenteurs ou autres Experts que vous efti-
merez capables , par lefquels Arpenteurs ou
Experts , le ferment en tel cas requis , préa-
lablement pris , vous ferez proceder quand
befoin fera , & aux fraix de qui il appartiendra , à l'arpentage & reconnoiffance de l'é-
tendue & contenance des terres , prés , vi-
gnes , bois , marais , terres vaines & vagues , & autres héritages dépendans de notredit Domaine , où étant de fa mouvance
& directe , faire Procès-Verbaux des bor-
nages & féparations , planter de nouvelles
bornes & dreffer defdits héritages des plans

& cartes en bonne & dûe forme, pour en être les originaux pareillement déposés aux archives de notre Bureau des Finances, avec le regiſtre ci-deſſus ordonné.

Voulons que les Receveurs & Fermiers de notre Domaine ne puiſſent être condamnés aux dépens, ſous prétexte des demandes par eux fournies après le deſiſtement d'icelles, lorſqu'il aura été fait ſans conteſtation précedente, ſinon de requérir l'exhibition des titres & pieces juſtificatives des défenſes des Parties ou des Seigneurs particuliers qui auront pris leur fait & cauſe.

Déclarons que par les diſpoſitions ci-deſſus, Nous n'entendons en rien innover à la prorogation du délai que nous avons accordé au Clergé par l'article XVI de notre Déclaration du 17 Août 1750, pour le mettre en état de nous rendre les foi & hommages qu'il nous doit, & fournir à nos Chambres des Comptes dans le Reſſort deſquelles leurs Bénéfices ſont ſitués, des déclarations de tout le temporel de leurs Bénéfices, tenans lieu d'aveux & dénombremens pour ce qui concerne les Fiefs mouvans de Nous, le tout aux modifications portées audit Art. 16 de ladite Déclaration, que nous voulons avoir leur plein & entier effet dans l'opération de notredit Terrier de la Généralité de Bordeaux.

Et afin que l'exécution des préſentes ne puiſſe être ſuſceptible de ſurſéances & oppo-

sition de la part d'aucun de nos Officiers ou
Commissaires, ni même retardée, sous
prétexte des contestations que l'on pourroit
faire naître, ou qui sont déja nées & portées en divers Tribunaux pour raison de nos
mouvance & directe ; Voulons que pour
raisons des Biens, Fiefs, Héritages & droits
situés dans ladite Généralité de Bordeaux,
les Propriétaires, Vassaux & Censitaires ne
puissent être reclamés par distraction de
Ressort, par nosdits Officiers & Commissaires des Généralités voisines, sous prétexte que la Glebe de nos Seigneuries se
trouve située dans leur district, en envoyant toutefois dans les Greffes de nos
Bureaux des Finances d'Ausch, Pau & Li-
moges, chacun les concernant, copiés en
bonne forme des aveux, dénombremens,
& jugemens d'enterinemens d'iceux, ou
des Ordonnances de réunion qui auront
été par vous rendus.

Voulons pareillement à l'égard des contestations nées ou à naître dans tous autres
Tribunaux, que lesdites contestations qui
seront incidentes ou connexées aux instances pendantes devant vous, soient évoquées,
comme nous les évoquons par ces présentes en notre Conseil, & icelles avec leurs
circonstances & dépendances Nous vous
avons renvoyés & renvoyons, pour être
par vous jugé en dernier ressort, ainsi que
tous les autres procès & contestations qui
seront portés devant vous en vertu des pré-

lentes, vous en attribuant à cet effet toute Cour, Jurisdiction & connoissance, & icelles interdisant à tous nos autres Juges.

Et seront les Parties assignées devant vous en vertu des présentes, sans qu'il soit besoin d'autre Commission, nonobstant surannation d'icelles ; & pour servir de Greffier en la présente Commission, avons commis le Greffier actuel dudit Bureau des Finances de Bordeaux : commandons au premier de nos Huissiers ou Sergens sur ce requis, de faire pour l'exécution des présentes, tous exploits requis & nécessaires, sans pour ce demander aucune permission ni paréatis ; voulons qu'aux copies des présentes, collationnées par un de nos amés & féaux Conseillers-Secretaires, foi soit ajoutée comme à l'original, car tel est notre plaisir. Donné à Versailles le quinzieme jour du mois d'Août, l'an de grace, mil sept cens cinquante-deux, & de notre regne, le trente-septieme, *signé*, LOUIS ; & *plus bas*, par le Roi, PHELIPEAUX. Vu au Conseil, MACHAULT. *Et scellées du grand Sceau de cire jaune.*

Les Commissaires Généraux députés par le Roi pour la confection du nouveau Terrier des Domaines de la Généralité de Guienne, par ses Lettres Patentes du 15 Août 1752.

Vu les présentes Lettres Patentes de sa

Majesté , données à Versailles le 15 du mois d'Août 1752 , *signées* , LOUIS ; & plus bas : Phelipeaux , Vu au Conseil , Machault ; & scellées du grand Sceau de cire jaune , portant établissement de la Commission pour proceder au nouveau Terrier des Domaines de la Généralité de Guienne ; conclusions du Procureur du Roi en ladite Commission ; Oui le rapport du sieur Tilhaut , l'un de Nous , Commissaire à ce députe ,

Nous Commissaires Généraux susdits ; en vertu du pouvoir à Nous donné par sa Majesté , ordonnons que lesdites Lettres Patentes du 15 Août 1752 , seront enregistrées au Greffe de la Commission , pour être exécutées selon leur forme & teneur , & à cet effet envoyées par tout où besoin sera pour y être registrées , publiées , lues , affichées & signifiées à qui il appartiendra. Fait en l'Assemblée desdits Seigneurs Commissaires Généraux , tenue à Bordeaux le quatorzieme Août mil sept cens cinquante - trois. *Signés* , Aubert de Tourny , Chaperon , Tilhaut , Courtieu , Policard , Chauvet , Lozes , Delage , Roullier , Tronquoi , Delbos de Laborde , Cholet , Carton & Mesmeur.

Les Commissaires Généraux députés par le Roi, pour la Confection du nouveau Terrier des Domaines de la Généralité de Guyenne.

Et à l'instant le Procureur du Roi de la Commission est entré, & a dit : Qu'en vertu d'Ordonnance du Bureau des Finances de Bordeaux, & en sa premiere qualité de Procureur de Sa Majesté audit Bureau des Finances, il a fait proceder par saisie féodale sur un nombre de Fiefs répandus dans toutes les parties de ladite Généralité, faute par les Propriétaires d'avoir rendu leurs foi & hommages, fourni & fait recevoir leurs aveux & dénombremens ; lesdites saisies faites en divers tems, & antérieurement à ladite Commission établie pour la confection du Terrier général : Que ces saisies ont donné naissance à diverses instances pendantes au Bureau des Finances de Bordeaux, toutes constamment susceptibles de la clause d'évocation portée par les Lettres Patentes qui établissent la Commission, & qui viennent d'être enregistrées, comme étant essentiellement & intimement afferentes à la confection du Terrier général. A ces causes, requiert le Procureur du Roi, qu'il plaise au Bureau de la Commission, ordonner que lesdites Lettres Patentes seront exécutées selon leur forme & teneur ; ce faisant, que fur toutes & chacune les inftances pendantes & indécifes au Bureau des Finances, en conféquence des faifies féodales faites par lui qui parle, fur les Fiefs relevans du Roi, & étant dans fes mains dans toute l'étendue de la Généralité de Guyenne, les Parties procederont dans le Bureau de la Commiffion, pour y être lefdites inftances inftruites & jugées en dernier reffort fur les derniers Actes & erremens des procédures, & ce conformément à la teneur defdites Lettres Patentes ; requiert qu'en conféquence il foit fait défenfes aux Parties de fe pourvoir ou procéder ailleurs, à peine de nullité, caffation de procédure, & de tous dépens, dommages & intérêts. *Signé*, Comarrieu, Procureur du Roi.

Nous Commiffaires Généraux fufdits, faifant droit du requis du Procureur du Roi, ordonnons que les Lettres Patentes du 15 Août de l'année dernière, feront exécutées felon leur forme & teneur ; ce faifant, que fur toutes & chacune les inftances pendantes & indécifes au Bureau des Finances de Bordeaux, en conféquence des faifies faites par le Procureur du Roi dudit Bureau des Finances, fur les Fiefs relevans du Roi, & étant dans fes mains, dans toute l'étendue de la Généralité de Guyenne, les Parties procederont devant le Bureau de la Commiffion, pour y être lefdites inftan-

ces inſtruites & jugées en dernier reſſort ,
ſur les derniers actes & erremens des procédures , & ce conformément à la teneur
deſdites Lettres Patentes ; En conſéquence
eſt fait inhibitions & défenſes aux Parties
de ſe pourvoir ou proceder aïlleurs, à peine
de nullité, caſſation de procédure, & de tout
dépens, dommages & intérêts. Fait en l'Aſſemblée deſdits Seigneurs Commiſſaires
Généraux , tenue dans la Chambre du Conſeil du Bureau des Finances à Bordeaux , le
14 Août mil ſept cent cinquante - trois.
Signés , Aubert de Tourny , Chaperon ,
Tilhaut , Courtieu , Policard , Chauvet ,
Lozes , Delage , Rouſſier , Tronquoy ,
Delbos , de Laborde , Cholet , Carton ,
& Meſmeur.   Collationné. *Signé* , Barbeyron.

ARRETÉ

Du Parlement , du 6 avril 1754.

LEs Chambres aſſemblées , M. le Premier Préſident a dit , que lui ayant été de-
mandé dans la précédente aſſemblée s'il
avoit reçu quelque nouvelle du Mémoire
que la Cour l'avoit chargé d'envoyer au
ſujet des Lettres-Patentes adreſſées au Bureau des Treſoriers de France pour la con-

section du Terrier concernant le Domaine
du Roi dans la Generalité de Guyenne , il
avoit répondu n'en avoir point reçu ; qu'il
lui étoit revenu que ce Mémoire avoit été
envoyé à M. le Commissaire départi , sans
doute pour avoir son avis ; qu'il se mettroit en état d'instruire incessamment la
Cour de ce qui en est , & s'il n'a point été
fait ou mandé quelque chose en conséquence ; que s'en étant informé , & ayant
sçu que ledit Mémoire avoit été envoyé
audit sieur Commissaire départi , il lui
avoit parlé , qu'il l'avoit trouvé très dis-
posé à se conformer à ce que le Parlement
paroit desirer , & qu'il le témoigneroit
dans la réponse qu'il feroit ; le sieur Premier Président a ajouté ne pouvoir ignorer
que les Tresoriers de France formeront
quelque difficulté pour la séance à ceux
des Officiers de la Cour qui seront admis
dans cette commission , prétendant qu'en
cas d'absence du Commissaire départi ils
ne doivent être présidés dans leur Bureau
que par le plus ancien Officier d'icelui qui
s'y trouvera.

Sur quoi en délibération , a été arrêtée
qu'il sera nommé des Commissaires de chaque chambre pour examiner les reflexions
nouvelles qui ont été faites depuis l'envoi
du Mémoire , auquel lesdits Commissaires
ajouteront ce qui leur paroîtra le plus convenable dans une matiere aussi importante;

qu'ils s'attacheront, sur tout, à repréſenter avec force les grands inconvéniens qui reſulteroient infailliblement ſi une Compagnie ſubalterne par ſon inſtitution avoit le droit de juger en dernier reſſort des conteſtations auſſi intéreſſantes & auſſi délicates que pourront l'être la plupart de celles qu'occaſionnera la confection de ce Terrier ; & que pour donner au Public allarmé des ſuites de la commiſſion portée par les Lettres - Patentes dont a été parlé ci-deſſus, des marques de ſon attention & de ſon zele en tout ce qui le regarde, la Cour députera un Officier d'icelle, à l'effet d'aller appuyer ſes repréſentations & en ſolliciter le ſuccès ; dans cet objet le ſieur Préſident de Gaſcq a été député avec invitation de partir le plutôt qu'il ſera poſſible.

MÉMOIRE

Pour le Parlement de Bordeaux.

LE Parlement de Bordeaux a recours à la justice du Roi pour lui demander la révocation des Lettres-Patentes que le sieur Comarrieu Procureur du Roi au Bureau des Finances de Bordeaux a surprises le 15 Août 1752 pour la confection du Papier Terrier dans la Généralité de Guyenne.

Ces Lettres-Patentes qu'on a affecté de ne faire publier à Bordeaux qu'au commencement de Septembre 1753 , lorsque le Parlement finissant sa séance , n'avoit plus assez de tems pour délibérer à ce sujet, contiennent l'attribution la plus générale de la Jurisdiction contentieuse du Domaine, puisqu'elles transportent aux Trésoriers de France non-seulement le droit de dresser le Papier Terrier, mais encore celui de juger en dernier ressort les blâmes des dénombremens , toutes les contestations qui pourront être formées par les Fermiers du Domaine & toutes les questions qui y seront incidentes ou connexées, de quelque nature qu'elles soient & en quelque Tribunal qu'elles soient pendantes.

Jamais demande en révocation d'attribution ne mérita plus de faveur que celle du Parlement. Ce n'est point un vil intérêt qui le détermine ; toujours supérieur à de pareilles vues, il n'éleve sa voix que pour des objets plus dignes de lui. Le maintien de l'ordre des Jurisdictions, les allarmes de la Province de Guyenne qu'il est obligé par état de porter aux pieds du Trône, la conservation de son propre honneur ; tels sont les motifs qui excitent sa réclamation.

Premier Motif de la réclamation du Parlement.

L'Ordre des Jurisdictions.

Les Baillifs & Sénéchaux connoissoient dès les premiers tems en premiere instance de tout ce qui concernoit les matieres Domaniales, tant pour la direction & conservation que pour le litige. Il ne faut, pour s'en convaincre, qu'ouvrir les anciennes Ordonnances.

On trouve qu'en 1319, Philippe le Long enjoignît aux Sénéchaux d'envoyer chaque année à la Chambre des Comptes un état des forfaitures, amendes, quints deniers, rachats & autres Droits Seigneuriaux échus dans leur Jurisdictions ; ce qui suppose que toutes ces choses avoient été nécessairement portées devant eux.

Philippe de Valois en 1338, Charles VI

en 1408 & en 1413 supposent aussi cette Jurisdiction des Sénéchaux. Ce dernier Edit renouvelle par exprès à ces Officiers l'injonction de contraindre les Vassaux du Roi au payement des droits casuels, & de les obliger à fournir par dénombrement la déclaration de leurs Fiefs.

Du tems de Louis XII, la Chambre du Trésor connoissoit par attribution des affaires contentieuses du Domaine par concurrence avec les Baillifs & Sénéchaux : c'est ce qui obligea ce Prince en 1508 d'ordonner aux Trésoriers de France de renvoyer à l'un ou à l'autre Tribunal les oppositions qui seroient formées à leurs Ordonnances au sujet de la réunion des Domaines usurpés.

François I obligea la Chambre des Comptes en 1520 au même renvoi & en mêmes termes ; mais reconnoissant que cette concurrence de Jurisdiction que le prétexte spécieux de l'acceleration avoit sans doute fait introduire, ne faisoit que causer du désordre dans la pratique, ce Prince par l'Edit de Cremieu en 1536 retablit les choses dans les termes du droit commun ; il rendit aux Baillifs & Sénéchaux & autres Juges ressortissans au Parlement sans moyen la connoissance des affaires Domaniales, à l'exclusion de tous les autres Juges.

Ce ne fut qu'en 1627 que Louis XIII ayant créé quatre offices de Trésoriers de France dans chaque Bureau des Finances, leur attribua la Jurifdiction contentieufe du Domaine, par un Edit du mois d'Avril, pour en jouir de la même maniere que les Sénéchaux en avoient joui de tous les tems, c'eft-à-dre, à la charge du droit de reffort & de l'appel au Parlement.

Ce fut la premiere dérogation faite au droit commun en faveur des Tréforiers de France; ils en obtinrent une feconde par l'Edit du mois de Février 1704, en faifant ordonner que leurs jugemens interlocutoires ne feroient pas fujets à l'appel, mais feulement leurs jugemens définitifs.

Cette difpofition ayant donné lieu à des inconvéniens multipliés, elle fut corrigée d'abord en faveur du Parlement de Paris, par une Déclaration du Roi du 5 Août de la même année, & cette Déclaration fut rendue commune à tous les autres Parlemens par celle du 14 Mai 1717. Les Tréforiers de France de Bordeaux, jufqu'aux Lettres Patentes de 1752, n'avoient pas encore ambitionné cette fouveraineté de Jurifdiction qu'ils affectent aujourd'hui. Ils voyoient fans peine leurs jugemens dans les caufes du Domaine fujets à l'appel au Parlement; & jufqu'à la tentative du fieur Comarrieu, ils n'avoient point porté d'envie au droit de reffort. La poffeffion du Parlement eft à cet égard fi notoire & fi conftante, qu'il fe croit difpenfé d'en rapporter la preuve, quoiqu'il n'eût befoin pour cela que de fes Regiftres, quoiqu'il

qu'il soit encore actuellement nanti de
plusieurs procès qui, si les Lettres Patentes subsistoient, devroient par un contraste
singulier & dont on peut dire qu'il n'y eut
jamais d'exemple, être renvoyés aux Tréforiers pour être par eux jugés en qualité
de Juges Souverains, après l'avoir été une
première fois en qualité de premiers Juges.

Si la possession dans laquelle le Parlement a toujours été de juger en dernier
ressort les affaires Domaniales est incontestable, soit que l'appel lui fût dévolu
des Sénéchaux, ou que dans la suite il lui
fût porté des Tréforiers de France, ce droit
de ressort en lui-même ne l'est pas moins.

Cette Jurisdiction de dernier ressort n'est
point en effet fondée sur le titre de quelque
privilege nouveau ou sur une concession
particuliere ; elle est aussi ancienne que les
Parlemens, elle leur est naturelle, selon le
langage des Ordonnances ; elle est une suite
& une dépendance de leur institution.

N'importe même que les Parlemens
soient plus anciens les uns que les autres ;
unis lors de leur établissement par les mêmes motifs & les mêmes vues, par les mêmes fonctions & les mêmes devoirs, sartout par le même zele pour la personne sacrée de Sa Majesté & pour les intérêts de la
Couronne, ils n'ont entr'eux qu'un titre
commun.

C'est sur ce fondement que l'Edit de confirmation du Parlement de Bordeaux de

l'an 1462 porte que ce Tribunal connoîtra
par voie d'appel & en dernier reſſort des
jugemens rendus dans tous les Baillages &
autres Juriſdictions quelles qu'elles ſoient,
dans l'étendue de ſon reſſort, de la même
maniere que le Parlement de Paris a coutume d'en uſer dans les limites du ſien.

S'il a été prouvé que la Juriſdiction contentieuſe du Domaine appartenoit en premiere inſtance aux Sénéchaux dès les premiers tems, & s'eſt continuée enſuite dans
les mêmes termes en faveur des Tréſoriers
de France ; il ſuit eſſentiellement de cette
ſuppoſition & des termes de cet Edit de
1462, que cette même Juriſdiction appartient en dernier reſſort au Parlement par
une conſéquence qui entre dans l'économie
du droit public du Royaume.

Le droit public du Royaume en matiere
de Juriſdictions eſt-il en effet autre choſe
qu'un certain ordre qui les diſtingue ou
qui entretient entr'elles certains rapports ;
un ordre qui a été établi de tous les tems
& auquel on n'a jamais donné d'atteinte,
parce qu'on n'y a jamais découvert de véritables inconvéniens, malgré la révolution
de pluſieurs ſiecles.

On peut encore conſiderer cette Juriſdiction de reſſort des Parlemens ſur le
Domaine comme un droit commun, général & univerſel de toutes les nations :
& en effet, Chopin a remarqué dans ſon
Traité du Domaine, Liv. II, tit. 15, que

tous les Princes ont toujours eu attention
que leur Domaine ne fût jugé définitivement que par leur Cour majeure, celle qui
étoit la plus distinguée par sa dignité,
par son ancienneté, par l'importance de
ses fonctions, & qui par cela même étoit
présumée plus attachée à eux & à leurs
états.

C'est vraisemblablement sur ce principe,
qu'on trouve dans les Ordonnances du Roi
Jean de l'an 1363, Art. XIX, que le Procureur du Roi au Parlement étoit la seule
partie légitime pour ce qui regarde le Patrimoine du Prince & son Domaine; &
cette tradition étoit encore si constante en
1565, qu'il paroit par un Registre du Parlement de Bordeaux du 18 Mai, que Charles IX y tenant son lit de justice, M. le
Chancelier de l'Hôpital y dit que l'institution du Procureur du Roi au Parlement fut
faite pour l'intérêt seul du Domaine; &
que ce ne fut que dans la suite des tems
qu'il fut chargé de la poursuite des procès
criminels.

En effet cette jurisdiction a toujours été
exercée par les Parlemens. L'Edit de 1546
en fournit une preuve non équivoque, en
révoquant celui de 1543 qui l'avoit attribué au seul Parlement de Paris.

Celui de 1546 s'exprime ainsi : « Vou-
» lons & nous plaît que notredite Cour de
» Parlement de Toulouse, & toutes nos
» autres Cours de Parlement connoissent,

» jugent & décident de tous procès mûs &
» à mouvoir à cause de notre Domaine &
» autres nos Droits Royaux en premiere
» instance, ès Sieges de nos Sénéchaux &
» Baillifs, & par appel en dernier ressort,
» tant en matieres civiles que criminelles,
» chacun dedans les fins & limites desdits
» ressorts, tout & ainsi & en la forme &
» maniere que ci-devant, & auparavant la
» Déclaration & Ordonnance [de 1543]
» ils avoient accoutumé de connoître &
» juger.

On peut remarquer que le Parlement de Bordeaux avoit fait valoir ses droits en faisant débouter le Procureur Général Brulard du renvoi qu'il poursuivoit au Parlement de Paris, d'une affaire Domaniale concernant le Captal de Buch.

Par tout dans les Ordonnances on trouve ce droit de ressort supposé en faveur des Parlemens, comme une dépendance du droit commun. C'est ce qu'on recueille de l'Ordonnance de Moulins & de celle de Henri IV de 1597. Telle est sur ce point la notoriété générale qu'il paroit superflu de faire à cet égard de plus amples recherches. C'est ce qui fit dire à M. de Baville en donnant son avis au Conseil en 1700 sur une attribution à peu-près semblable à celle dont il s'agit aujourd'hui, faite en faveur de la Chambre des Comptes de Montpellier, que c'étoit constamment le Parlement de Toulouse qui devoit con-

noître de l'appel de tout ce qu'il peut y
avoir de contentieux dans le Domaine,
que c'étoit à l'ordre naturel, & qu'il ne lui
paroissoit pas juste que la Cour des Comptes eût une augmentation de Jurisdiction
aux dépens des autres Compagnies à la
compétence desquelles on ne pouvoit donner atteinte sans préjudicier au droit public.

Les maximes qu'on a établies jusqu'ici
ont une application bien naturelle aux
Lettres-Patentes obtenues par les Trésoriers de France de Bordeaux & dont le Parlement demande la révocation.

Envain excepteroit-on qu'il ne s'agit
que d'une Commission extraordinaire &
momentanée, qui n'est relative qu'à la confection du Papier Terrier, qui doit finir &
qui par cela même ne blesse en rien l'ordre
naturel des Jurisdictions. Il est aisé de
faire voir que ce terme de Commission ne
fait ici qu'une question de nom recherchée
pour couvrir l'objet essentiel de ceux qui
ont sollicité l'attribution.

Il semble qu'il y ait une difference à
faire entre des Commissions particulieres
adressées à un certain nombre d'hommes
dont le choix paroit avoir été déterminé
sur leur capacité, leur expérience & leur
activité personnelle, & celles qui sont
adressées à un Tribunal entier. Au premier cas on imagine que la Commission pourra prendre fin ; & en effet elle
finit souvent par la mort d'un certain nom-

bre de Commissaires qu'il est difficile de remplacer. On pense de plus que ces Commissaires n'ayant aucun intérêt personnel à prolonger leur Commission, leur zele ou leur amour propre les sollicite à accélerer leur travail pour se montrer dignes d'un choix qui leur fait-honneur. Cependant l'expérience confirme que de pareilles Commissions n'ont presque jamais d'extinction. Le Parlement de Bordeaux en citera une, formée en 1735 pour Sauveterre; une seconde, établie en 1747 pour l'Agenois; une troisieme, établie en 1731 à Montauban. Depuis un aussi long tems, penseroit on qu'il n'y a presque rien de fait dans aucune des trois?

Aussi Chopin a-t-il remarqué dans le lieu déja cité, que c'est un principe en matiere de Domaine, qu'il n'est pas de son intérêt d'être confié à des Commissaires, & qu'on trouve dans les Reglemens du Parlement de Paris un Réquisitoire du Procureur Général, & une délibération de cette Compagnie pour s'opposer à une Commission de ce genre, quoiqu'elle eût été toute formée d'Officiers choisis dans son corps.

Or si les Commissions personnelles peuvent avoir cet inconvénient; Que doit-on dire de celles qui sont attribuées au Corps même d'un Tribunal inférieur?

Le nouveau relief qui est procuré aux charges des Officiers qui le composent, doit nécessairement en augmenter le prix

à proportion qu'ils sont décorés d'une Jurisdiction souveraine dont ils ne jouis-
soient pas auparavant, & surtout à proportion de la durée que doit avoir leur Commission. Quand on mettroit donc à l'écart
la considération des émolumens qu'elle
peut produire, il est infiniment à craindre
qu'on n'imagine successivement de nouveaux prétextes pour la perpétuer, & que
le titre de l'Office ne se trouve enfin con-
fondu dans l'éloignement des tems avec
celui de la Commission.

Plusieurs Commissaires étoient chargés
depuis très-longtems du Papier Terrier de
Languedoc, lorsqu'en 1691 la Chambre
des Comptes de Montpellier leur fut subrogée. En 1700 M. Bavile se plaignoit de
la lenteur de cet ouvrage ; & dans le tems
même qu'il étoit d'avis que la Jurisdiction des matieres domaniales fût rendue
au Parlement de Toulouse, selon les principes incontestables du Droit Public, il
estima néanmoins, qu'attendu que les choses n'étoient pas entieres, & que toutes les
procédures étoient commencées dans la
Chambre des Comptes, il convenoit de
lui donner encore un délai fatal de quatre
ans plus que suffisant pour parfaire tout le
travail.... cinquante-quatre ans se sont
écoulés depuis cet avis, & sans que le Domaine ait rien gagné. Tout ce qui a ré-
sulté de cette attribution de 1691, c'est que
la Cour des Comptes de Montpellier plaide

encore aujourd'hui contre le Parlement de Toulouse pour faire perdre de vue l'ancienne Commission & soutenir que l'Edit de 1690, en dépouillant le Parlement, l'a revêtue irrévocablement de tout ce que le Domaine a de contentieux.

Il est aisé maintenant de sentir la conséquence de l'attribution que les Trésoriers de France de Bordeaux ont surprise en 1752 dans l'expression des Lettres-Patentes ; ce n'est qu'une commission relative simplement au Papier Terrier ; dans la vérité des choses cette commission sera convertie en une suppression réelle de la Jurisdiction du Parlement : ce sera par conséquent une dérogation effective aux regles essentielles du droit public du Royaume & à celles du droit commun de toutes les nations.

Ces regles sont immuables par elles-mêmes, elles reclament perpétuellement contre les atteintes qu'on a voulu quelquefois leur porter ; & comme on découvre tôt ou tard les inconvéniens auxquels ces atteintes ont donné naissance, loin de détruire les regles, elles servent à les confirmer.

Qu'on n'oppose donc point aux Parlemens leur silence lors de l'octroi de ces différentes commissions ; aux pieds du Trône il n'est jamais de fin de non-recevoir en matiere de droit public, & sur-tout en matiere de Jurisdiction.

D'ailleurs ne reconnoit-on point dans le silence même de ces Compagnies cette impression de respect que produit toujours en elles tout ce qui émane de la volonté du Souverain, & qui souvent étouffe leur voix, jusqu'à ce qu'elles aient lieu de craindre que des exemples multipliés ne se changent en titres capables d'autoriser des abus si préjudiciables au bien public?

C'en est un sans doute de la part des Tresoriers de France de Bordeaux d'avoir sollicité de Sa Majesté un changement si contraire à l'ordre des Jurisdictions. L'abus n'est pas moindre d'avoir commencé à exécuter leur commission sans l'avoir présentée au Parlement & en avoir requis l'enregistrement.

Cet enregistrement est une dépendance du droit public. Nos Rois l'ont perpétuellement jugé nécessaire & par rapport à eux-mêmes, parce que c'est le seul moyen de mettre leur condescendance à l'abri des surprises, & par rapport à leurs peuples qui n'ont jamais connu que par cette voie le vrai caractere de la volonté de leur Souverain.

Aussi le Parlement de Bordeaux trouver-t-il dans ses Registres, que le 20 Décembre 1578 le sieur de Bans Lieutenant-Général de la Sénéchaussée de Guyenne s'étant plaint de ce que les Tresoriers Généraux des Finances, par vertu de certaines Lettres en forme d'Edit, avoient fait procé-

B v

der devant eux à la publication des Baux à
ferme du Domaine du Roi, bien que par
la coutume ancienne la proclamation &
délivrance s'en fît au Sénéchal ; le Procureur Général se rendit appellant des procédures faites & requit que lesdits Généraux
présenteroient leur Edit ; sur quoi la Cour
en ordonnant que sur l'appel lesdits Généraux viendroient plaider, leur fit inhibitions de faire à cet égard aucun acte en ladite Généralité, & ordonna que les baux
à ferme du Domaine seroient faits aux
lieux accoutumés.

Si le Parlement n'a pas voulu suivre la
même conduite à la premiere connoissance
qu'il a eu des démarches des Tresoriers,
s'il a préféré de donner un exemple de modération à des Officiers inférieurs qui ont
pour lui si peu de ménagement, la reclamation qu'il fait de ses droits qu'il fonde
d'abord sur le droit public, n'en devient
que plus favorable.

Second Motif de la reclamation du Parlement.

Les allarmes de la Province de Guyenne.

Le Parlement n'a intention ni d'avilir,
ni d'humilier les Tresoriers de France de
Bordeaux, sous les yeux de Sa Majesté. Il
n'auroit garde d'exposer au grand jour les
motifs de la crainte qui agite tous les peu-

ples de son Ressort, s'il pouvoit sans trahir leurs intérêts, ceux de la justice & de la vérité, supprimer ce moyen invincible de reclamation contre l'attribution dont il s'agit. Il va donc les parcourir ces motifs, sans s'écarter des loix de la décence & de la discrétion qui lui sont propres.

1°. Ce qui fait l'objet de la Jurisdiction contentieuse du Domaine & qui embrasse principalement toute la matiere des Fiefs, prise dans toute son étendue, est sans contredit ce qu'il y a de plus difficile dans le Droit & la Jurisprudence .... une étude assidue suffit à peine pour en développer les principes ; il faut pour en acquérir une connoissance suffisante, les avoir, pour ainsi dire, sucé avec le lait. Comment des Juges dont la plupart jusqu'à leur reception ont passé leur vie dans des occupations qui n'ont aucun rapport avec l'étude de la Jurisprudence, qui sont dispensés d'être reçus sur les Loix, qui n'ont jamais pensé à prendre des Grades, dont quelques-uns, depuis même leur reception, continuent encore le commerce ou la banque ; Comment de pareils Juges se flatteroient-ils d'avoir acquis assez de lumieres pour devenir les arbitres souverains des intérêts de leur Prince, des causes de cette importance, & entre les parties les plus notables de leur Province ? Comment auroient-ils eux-mêmes le courage de les juger en dernier ressort ?

2°. Il est de la justice du Prince de donner à ses Sujets des Juges désintéressés. Par un traité qu'ont fait les Tresoriers avec le Procureur du Roi, ils ont approprié à leur Corps le sol pour livre qui étoit attribué à cet Officier sur les lods & ventes, échanges & autres droits casuels. La recette de ce sol pour livre se fait par le Syndic du Bureau, & le produit se partage chaque année entre tous les Officiers. Cette circonstance particuliere les met dans un cas d'exception de tous les autres Bureaux des Finances du Royaume, & le Parlement présume trop de leur bonne foi pour craindre qu'ils la dénient.

Une seconde considération est prise de l'immense produit des hommages, & des épices des vérifications des dénombremens. Les moindres hommages produisent en honorifiques pour le Bureau au moins 60 livres, & il y en a beaucoup dont les frais vont à 200 livres ; les droits des moindres dénombremens vont à 300 liv., & il y en a qui coutent jusqu'à 4000 liv.

Le parlement ne craint point d'avancer que sur plus de dix mille Fiefs qu'il y a dans la Province de Guyenne, il doit entrer dans le Bureau plus de trois millions, & en couter aux Vassaux avec les frais d'instruction plus de six millions à chaque renouvellement de Terrier, sans qu'il en revienne un sol au Tresor du Roi. Cette surcharge immense croîtra au profit des

Treforiers de France, à proportion des nouvelles réunions qui fe feront au Domaine : Et quelle fera l'augmentation de cette furcharge, s'ils jugent en dernier reffort, fi la taxe qu'ils feront à leurs droits n'eft plus fujette à aucune infpection ?

Le Parlement ne raifonne ici que fur les regles générales : les Loix excluent de la qualité de Juge quiconque peut avoir dans l'évenement de la caufe quelque intérêt réel. Comment autoriferoient-elles un Tribunal entier perpétuellement expofé à une pareille tentation ?

Le Roi fouverainement équitable ne veut pas plaider avec avantage, ni que les Juges qui doivent connoître des conteftations qui peuvent être entre Sa Majefté & fes Vaffaux, foient animés d'un zele qu'on puiffe fuppofer dépourvu de la lumiere de la fcience & de la Loi. La balance doit être égale dans ce qui regarde l'intérêt du Domaine, comme elle l'eft entre les particuliers. Telle fut toujours la bonté de nos Souverains & l'ordre de la Juftice.

Envain diroit-on que la reception des hommages & la vérification des dénombremens appartient aux Treforiers de France, comme dépendance de la direction du Domaine, & que par des Edits déja anciens la Jurifdiction contentieufe leur en a été confirmée à l'exclufion des Sénéchaux. On en convient, & ce n'eft point ce que le Parlement leur contefte aujourd'hui ; mais les inconvéniens qui naiſſoient de leur peu d'expérience ou des causes de ſuſpicion que leur intérêt propre pouvoit élever juſqu'à préſent, étoient réparables par le remède de l'appel au Parlement ; au lieu qu'une attribution en dernier reſſort, en privant les Parties de cette reſſource, n'a pu que les jetter dans la plus affreuſe conſternation, & cauſer ce trouble ſubit qui, à la publication des Lettres Patentes de 1752, a ſaiſi les eſprits dans tous les états & dans tous les ordres.

C'eſt la crainte des inconvéniens dont on vient de parler qui a rendu la voie de l'appel néceſſaire chez toutes les Nations, & qui en a fait un article important du droit commun. De-là la ſubordination des différens degrés de Juriſdiction dont le maintien intéreſſe ſi fort le droit public, qu'il n'y a que la vileté & le peu d'importance des cauſes qui aient pu juſqu'à nos jours y donner atteinte.

A conſidérer l'appel du côté des premiers Juges, la Loi préſume du moins qu'il les contient, que la honte d'être blâmés dans la reviſion de leurs jugemens les engage à acquérir des lumieres, qu'elle les garantit des fautes dans leſquelles ou la négligence ou la tentation pourroient les faire tomber.

Les rendre tout à coup ſupérieurs, les dégager de toute inſpection, ne ſeroit-ce pas en quelque ſorte autoriſer en eux tous

les maux ensemble, que de supprimer l'u-
nique remède que la sagesse de tous les siè-
cles avoit pu imaginer ?

A envisager l'appel du côté des Parties,
ce n'est que lorsque la discussion de leurs
droits a été pleinement consommée dans
différens Tribunaux [surtout dans les causes délicates & compliquées] qu'une tran-
quillité salutaire prend la place de la passion. Celles qui ont succombé se portent
enfin à reconnoître qu'il falloit qu'elles
eussent tort. Cette réflexion calme peu à
peu leurs regrets, & la justice se rétablit
ainsi comme d'elle-même sans trouble &
sans émotion.

Quelle doit donc être d'avance l'agita-
tion de ces Parties obligées de comparoître devant un Tribunal inférieur par son
institution érigé de plein vol en Tribunal
souverain ? Avec quelle confiance y trai-
teront-elles des matieres qui par leur nature & leur importance, par l'affection que
les hommes ont attaché à la possession des
Fiefs, par la singularité des principes qui
y ont rapport & la qualité de ceux qu'elles
intéressent, ont toujours été regardées
comme des causes majeures qui exigent
avec la plus grande capacité l'examen le
plus multiplié & le plus approfondi ? Avec
quelle terreur enfin ces Parties n'atten-
dront-elles pas un jugement unique, après
lequel il ne leur restera plus de ressource
pour la reparation de l'injustice qu'elles

penferont toujours avoir éprouvée ?

Et comment de pareilles idées ne fe-
roient-elles pas fur les peuples les plus
fortes impreffions ? Les Ordonnances , &
plus encore l'expérience de chaque jour
leur apprennent qu'il n'eft rien de fi contraire au bien de la Juftice , que les commiffions extraordinaires , les attributions,
les évocations , & en général tout ce qui
dérange le cours ordinaire de fon adminiftration.

Il eft donc de la bonté du Souverain ,
lors furtout qu'il eft forcé de plaider avec
fes Sujets , de leur referver la voie de l'appel pour calmer leurs allarmes, quand elles feroient moins fondées qu'elles ne le
font aujourd'hui & qu'elles ne porteroient
que fur des préventions outrées.

Le Parlement ajoute qu'il eft encore de
l'intérêt de Sa Majefté de conferver cette
voie pour elle-même ; car fi l'appel procure
à la Juftice de fi grands avantages, ces avantages ne feroient-ils perdus que lorfqu'il
s'agit du Domaine facré & inaliénable de
la Couronne ?

Troifieme Motif de la reclamation du Parlement.

La confervation de fon honneur.

Il convient au Parlement de ne porter fes
vues que fur les objets qui ont rapport au

Roi, à sa Couronne, à son État, au droit public du Royaume, à l'intérêt général des peuples de son ressort.

Il est pourtant un cas où il ne lui est pas permis de paroître insensible à ce qui le regarde ; c'est lorsque son honneur est compromis ; alors il ne peut porter trop loin la jalousie, & sa délicatesse ne peut être excessive, lors surtout qu'on attaque indirectement sa fidélité à son Prince, son zele, son dévouement à ses intérêts.

C'est, suivant les Lettres Patentes de 1752, le zele des Officiers du Bureau des Finances pour l'intérêt du Roi, c'est leur affection & leur fidélité à son service qui a porté Sa Majesté à les commettre, non-seulement pour la confection de son Terrier, mais encore pour juger en dernier ressort les contestations qui peuvent naître à ce sujet.

C'est donc ce zele & cette affection, qui font qu'on dépouille le Parlement de la principale & de la plus honorable portion de sa Jurisdiction, d'une Jurisdiction naturelle & aussi ancienne que son institution, pour en revêtir des Juges qui lui ont toujours été subordonnés par l'appel.

Cela supposé que le Roi ne trouve pas dans son Parlement le même zele & la même affection. Quelle autre conséquence peut-on tirer de ce renversement de l'ordre des Jurisdictions ? Et en fut-il jamais de plus injurieux pour un Tribunal supérieur qui met sa principale gloire à mériter la confiance de son Souverain ?

Dès-lors le Parlement n'a dû être surpris ni des Ordonnances du Bureau des Tresoriers de France qui donnent au sieur Comarieu Procureur du Roi, le titre de Procureur Général, quoique les Lettres Patentes même ne le lui attribuent pas, ni de l'indécence de certains exploits signifiés à quelques-uns de ses Magistrats même pour une cause étrangere à ces Lettres.

Bientôt ce ne sera plus le simple niveau avec le Parlement que ces Officiers affecteront ; ce sera un grade de supériorité fondé sur une satisfaction purement idéale qui leur fera effectiment penser qu'ils ont mérité cette préférence par plus de zele & de fidélité.

Il doit sans doute suffire au Parlement d'avoir fait connoître de quelle amertume a dû être pour lui cette comparaison ; il sait que toute discussion lui est honorable, lorsqu'il s'agit de l'emporter en zele, en affection, en fidélité pour le service du Roi ; il n'auroit besoin pour la soutenir avec avantage que d'ouvrir ses Registres, mais seroit-ce vis-à-vis du Bureau des Finances qu'il lui conviendroit de la suivre ?

Examen des Prétextes employés par le sieur Comarieu pour obtenir l'Attribution.

PRMIER PRÉTEXTE.

La conservation du Domaine.

L'illusion des prétextes que le sieur Comarieu a fait valoir pour surprendre de la Religion de Sa Majesté l'attribution de Jurisdiction contre laquelle le Parlement reclame, va donner un nouveau jour à tout ce qui a été dit jusqu'ici pour en obtenir la revocation.

Le premier prétexte est pris de l'importance de la conservation du Domaine. L'objet de la conservation du Domaine ne sauroit être plus important : chez toutes les Nations les Loix l'ont mis sous leur protection ; & si parmi nous les Ordonnances le déclarent inaliénable ; si elles en proscrivent l'usurpation avec la derniere rigueur, cette rigueur fut toujours d'autant plus chere aux Parlemens, qu'elle renferme une expression vive de l'affection de nos Rois pour leurs Sujets.

Le Domaine en effet est leur vrai Patrimoine qu'ils destinerent dès les premiers tems à fournir à leurs besoins ; contens d'ailleurs de savoir leur tresor surabondant placé dans le cœur de leurs Peuples, on ne

les auroit point vu recourir à des secours extraordinaires, si leur Domaine
avoit encore pu fournir aux charges multipliées de leurs Etats.

De-là dans les Registres des Parlemens
ce nombre prodigieux de réunions au Domaine, malgré la bonne foi & la faveur
apparente des possesseurs. Avec quel zele
n'a-t-on pas vu ces Compagnies renverser
dans des tems plus favorables, des aliénations que des circonstances forcées les
avoient obligé d'autoriser? Ce seroit donc
aujourd'hui leur faire injure que de leurs
attribuer d'autres principes.

La conservation du Domaine dépend de
deux opérations : l'une qui met en évidence les droits domaniaux non contestés, &
par cet endroit en facilite la perception ;
l'autre qui y rappelle par la voie d'une discussion exacte, & d'une condamnation ju-
ridique tout ce qui peut en avoir été usurpé
témérairement ou aliéné contre les regles
du droit public.

Si les Tresoriers de France s'étoient bor-
nés à demander au Roi de les autoriser
pour la confection du Papier Terrier, conformément aux Edits qui leur attribuent la
direction & la jurisdiction du Domaine,
cette confection pouvant être nécessaire
pour pourvoir à sa conservation, le Parlement n'auroit jamais reclamé contre
leur demande ; il se seroit contenté de représenter très-humblement à S. M. que les

Rois ſes prédéceſſeurs ont toujours pris
maxime de remettre à des tems moins fâ-
cheux une opération qui par les frais qu'elle cauſe néceſſairement , devient pour le
peuple une nouvelle ſurcharge ; il lui auroit expoſé que ſa Province de Guyenne
épuiſée par une ſuite de calamités , & plus
encore par une ceſſation ou un dérangement de commerce qui tariſſent toutes
ſes reſſources , eſt hors d'état de payer les
impoſitions : & ces repréſentations auroient été d'autant plus favorablement reçues, que même, les Seigneurs particuliers
qui ne vivent que du produit de leurs rentes , n'oſent ſe faire reconnoître de leurs
Cenſitaires, pour ne pas leur impoſer à con-
tre-tems ce fardeau.

Ce motif de ſuſpenſion ſi capable par lui-
même de toucher le cœur de S. M. auroit pris
une nouvelle force de cette conſidération ,
que le Domaine non-conteſté eſt déja ſuf-
fiſamment indiqué , du moins pour la majeure partie , par les Regiſtres d'enſaiſine-
ment , où tous les fonds mouvans de la
Couronne , ſoit en Fief ou en rôture , ſont
déja décrits & reconnus à chaque mutation
à la derniere rigueur. Cette portion du Domaine non-conteſtée eſt donc par cela ſeul
en ſureté , juſqu'à ce que dans des circonſtances moins critiques , il puiſſe être pourvu à des reconnoiſſances ou des dénombremens plus ſolemnels qui rapprochent
de notre tems par des déſignations nouvel-

les, les preuves que le Domaine a déja par
ses anciens Titres.

Au surplus tous les Jugemens que les
Tresoriers rendent à ce sujet, s'exécutent
nonobstant l'appel ; ainsi nul retardement
pour la perception des droits non-contes-
tés. A l'égard de la portion du Domaine
sujette à contestation, quel besoin avoit
le sieur Comarieu des Lettres Patentes de
1752 ? N'est-il pas autorisé par le devoir
de sa charge, à en faire la recherche, &
les Tresoriers ne jouissent-ils pas de cette
Jurisdiction contentieuse dont ils ont dépouillé les Sénéchaux ? Quel a donc été
leur objet en sollicitant ces Lettres ? Il est
clair qu'ils n'en ont eu d'autre que de dépouiller le Parlement du droit de ressort
qui lui appartient. C'est ce droit de ressort
dont une vaine jalousie leur a fait ambi-
tionner l'exemption ; c'est-là le vrai motif d'une demande qu'ils ont encore cher-
ché à colorer du spécieux prétexte de l'accélération des Procès du Domaine.

SECOND PRÉTEXTE.

L'Accélération des Procès du Domaine.

Puisqu'il est impossible de tarir parmi les
hommes la source des procès, il seroit sans
doute bien avantageux pour la Société de
pouvoir éteindre leurs contestations dès
leur naissance, en les faisant finir dans le

Tribunal même où elles auroient commencé.

Non-seulement dans les questions qui
intéressent le Domaine, mais en général
dans toutes les matieres, ce seroit rendre
à la Justice un service bien important que
de dépouiller cette voie d'expédition de
tous les inconvéniens qui l'accompagnent.
Mais du côté des Juges, comment étendre
les bornes de l'esprit humain, qui souvent
ne saisit le vrai point de la décision qu'a-
près une discussion multipliée & souvent
variée? Quel remede pour les fautes qu'ils
peuvent faire ou par ignorance ou par pré-
cipitation, ou par les mouvemens de cette
cupidité qui subsiste, & dont rien n'assure
qu'ils deviennent exempts en cessant d'être
sujets à l'appel?

Du côté des Parties, comment pourvoir
à ce fonds de chicane & de dissimulation,
toujours plus fertile en moyens d'obscur-
cir la vérité, que la candeur & la bonne
foi n'ont de lumieres pour la développer?
Depuis tant de siecles on a réfléchi sur toutes ces choses. Est-il possible qu'on n'eût
pas découvert un moyen aussi simple que
celui d'ériger tous les premiers Juges en
Juges Souverains? Etoit-il donc réservé
aux Tresoriers de France de Bordeaux, de
faire sentir les avantages d'une pareille ré-
forme? Mais quelle reforme que celle qui
ne tendroit à rien moins qu'à détruire
toute Justice sous prétexté d'accélération!

La sage lenteur des formes, les différens dégrés de Jurisdiction n'ont été intro-
duits par les Législateurs & adoptés par
toutes les Nations, que parce que l'on
a cru dans tous les pays & dans tous
les tems que les raisons de convenance &
d'administration même qu'on pourroit alléguer doivent céder à la nécessité de former des Jugemens justes & équitables.
De-là vient ou que les premieres Commissions données pour le renouvellement du
Papier Terrier étoient bornées à de simples
opérations de direction & que tout litige
étoit interdit aux Commissaires, ou que
s'ils avoient une autorité plus étendue,
leurs Jugemens étoient sujets à l'Appel au
Parlement.

Telle a toujours été la regle; & s'il y a
eu quelques occasions rares où l'on ait cru
pouvoir s'en écarter, ce sera plutôt une
exception propre à la confirmer qu'une
contravention capable de la détruire, ou
pour mieux dire, ce sera une nouvelle
preuve des atteintes mortelles que portent
à la justice & à la manutention des Loix
ces Commissions extraordinaires dont on
peut même assurer qu'aucune jusqu'à nos
tems n'a rempli son objet, après avoir ré-
pandu le trouble dans les Provinces pendant une longue suite d'années.

D'ailleurs si on érige les Tresoriers
de France de Bordeaux en Juges Souverains

verains dans les termes de la Commission
qu'ils ont obtenue, peut-on raisonnable-
ment penser que le Domaine y gagne
beaucoup pour l'expédition ? Le Parlement ne veut point user ici de répétition,
il supplie seulement le Conseil de S. M.
de réfléchir sur ce qu'il a déja dit, & qu'il
a fondé sur l'expérience, au sujet de la lenteur de toutes ces Commissions & de l'intérêt personnel qu'auront ces Officiers,
soit à en perpétuer la durée pour donner à
leurs Charges une augmentation de prix,
soit à réunir successivement & par dégrés à
leur titre les droits, les honneurs, les
distinctions, les prérogatives d'une Commission dont ils sont déja si portés à se
prévaloir.

Que les Tresoriers de France de Bordeaux, Juges en premiere instance du
Domaine de la Couronne ne soient
pris que parmi des gens de Lettres,
qu'uniquement occupés dès leur enfance
de ces Conseils de la sagesse qui forment
les Magistrats, ils se familiarisent de bonne heure avec les Loix, que l'esprit de ces
Loix & des principes de Justice se fassent
sentir dans leurs Jugemens, qu'ils ga-
gnent par ce moyen la confiance des parties, qu'ils les engagent par là à acquies-
cer à leur décision : Toute autre voie de
rendre l'Appel inutile, sous prétexte d'accélération, est trop contraire au droit public pour être admissible.

C

Allons plus loin ; & pour convaincre les Tréforiers de France par eux-mêmes que l'accélération du jugement des procès du Domaine eft ce qui les intereffe le moins , le Parlement n'a befoin que de rappeller les Lettres Patentes de 1752. Ces Lettres leur attribuent la connoiffance , non-feulement de ce qui intereffe le Domaine , mais encore de toutes queftions , ou caufes qui y feront incidentes ou connexes , nées ou à naître en quelque Tribunal que ce foit. C'eft-à-dire , qu'ils connoîtront du *quanti minoris* , de toutes garanties & regaranties entre le poffeffeur du fonds & le vendeur ; ils connoîtront du combat de Fief entre plufieurs Seigneurs qui prétendront la préférence l'un fur l'autre pour la directité de ce même fonds , dans le cas même où le Domaine feroit déclaré n'y avoir aucun droit : cela fera pouffé fi loin , que lors même que le Receveur fera certain , que le Domaine n'a ni droit , ni titre , ni poffeffion fur un fonds , il évoquera aux Tréforiers tous les procès fans diftinction pendants en quelque Tribunal que ce foit , ou pour reconnoiffance , ou pour payement de droits entre un Cenfitaire & des Seigneurs particuliers. Il n'aura pour cela qu'à prêter fon nom à la partie qui voudra retarder le jugement & éviter une condamnation imminente, & la faire affigner au Bureau : tout cela fe fera peut-être à prix d'argent , ou

tout au moins par collusion & sous un
billet privé d'indemnité & de garantie
pour les frais & pour les dépens.

Reconnoit-on là un principe d'accélération favorable au Domaine ? La raison
& l'expérience confirment tous les jours
qu'un procès est d'autant plus long qu'il y
a plus de Parties, que les productions y
sont plus multipliées, & qu'il roule sur un
plus grand nombre d'objets différens. Ce
n'est donc pas l'accélération des causes du
Domaine qui a été le motif de la demande
des Tréforiers de France ; c'est l'interêt
personnel qu'ils ont de devenir Juges Souverains de la plus nombreuse & la plus
illustre portion des sujets du Roi, d'attirer
à eux les procès les plus importans & les
plus utiles, & de fonder ainsi la plus grande & la plus noble Jurisdiction du Royaume sur le dépouillement de toutes les autres. Et qu'on ne dise pas que le Parlement
ne raisonne ici que sur des conjectures purement idéales, que le nom de sa Majesté
est trop sacré & trop respectable pour qu'il
puisse venir en pensée de le faire servir à
une aussi odieuse collusion que celle dont
on a parlé; qu'enfin une pareille supposition
est trop deshonorante pour les Tréforiers
de son Domaine, pour être admissible.

Il conviendroit toujours au Parlement
dans une matiere aussi importante pour
l'ordre public de prévoir tous les inconvéniens possibles, & on ne peut point blâ-

mer les suppositions qu'il fait lorsqu'elles portent sur le fonds inépuisable de la malice des hommes ; mais il ne s'agit pas ici de supposition : on peut joindre à ce Mémoire une piece autentique qui prouvera jusqu'à quel point les Officiers du Domaine font capables de vexer les sujets du Roi dans ce genre de collusion.

Quelque favorable que paroisse donc cette idée d'accélération dont les Treforiers de France ont coloré une évocation auffi générale, oferoit-on direque l'intention du Roi eût été qu'elle fervît d'occasion à de pareilles fraudes ? N'y eut-il même que le dérangement prodigieux qu'elle va caufer dans tous les Tribunaux du reffort du Parlement, dans l'interêt de tant de Parties, oferoit-on dire qu'on en ait repréfenté à Sa Majefté toutes les conféquences ?

Le Parlement l'a déja annoncé dans un autre endroit de ce Mémoire : rien n'eft fi contraire au bien de la juftice que les évocations ; & parmi tant de raifons qui ont fondé cette maxime chez tous les peuples & dans tous les fiecles, on n'a pas omis celle-ci, qu'elles en troublent le cours, qu'elles en arrêtent & en fufpendent l'expédition : mais mettant à l'écart pour un inftant l'interêt des Parties, à fe fixer uniquement fur l'interêt du Domaine, il eft évident que le Roi plaidant toujours avec le même avantage dans tous les Tribunaux

de son Royaume, il ne peut y avoir que
la suspension de l'expédition qui ait fait
dans tous les tems proscrire les évocations
en matiere de Domaine. C'est la disposition de l'Art. XVI de l'Ordonnance de
1669 rélative aux anciennes, & confirmée
de nouveau par l'Art. XXII de celle de
1737.

L'accélération des procès du Domaine
est donc un prétexte faux, un voile captieux qu'il suffit de percer, & dès lors les
moyens se multiplient en faveur du Parlement pour obtenir la révocation des Lettres Patentes surprises de Sa Majesté par
les Trésoriers de France en 1752.

TROISIEME PRETEXTE.

La diminution des Frais.

Le sieur Comarieu est trop habile pour
n'avoir pas senti que pour obtenir une
évocation si contraire au droit public du
Royaume, il falloit présenter quelque motif interessant pour les peuples. Il sçavoit
que les changemens dans les regles observées de tout tems, & sur-tout dans l'ordre
des Jurisdictions ne sont favorables qu'autant qu'ils procurent un soulagement réel.
Aussi est-il revenu au Parlement, qu'il
avoit fait de grands efforts pour prouver
que les Parties gagneroient beaucoup à
l'évocation du côté de la diminution des
frais. C iij

Mais, 1°. dans le ſtile de la nouvelle commiſſion les droits des Procureurs ſont de 10 liv. pour le droit de conſulte, tandis qu'au Parlement on ne prend que 3 liv. 4 ſols ; les Requêtes ſont payées à la Commiſſion 50 ſols par rolle & 5 ſols pour droit de copie, tandis qu'au Parlement elles ne coutent que 15 ſols, & 2 ſols pour la copie,

Le retiré des procès coute 3 liv. à la Commiſſion & 30 ſols au Parlement ; le droit d'entrée & de ſortie des ſacs après le jugement coute 6 liv. à la Commiſſion, au lieu qu'au Parlement il n'eſt dû que 10 ſols au Procureur & 5 ſols au Greffier.

Il eſt vrai qu'au Parlement on porte en taxe certains articles qu'on ne connoit pas à la Commiſſion. Tel eſt le droit d'inventaire pour lequel le Procureur prend 25 ſ. par cotte de pieces, quelqu'étendue qu'elle ait ; mais les Parties loin de gagner à cela y perdent conſidérablement, en ce que ſuivant le ſtile du Conſeil, que la Commiſſion a adopté, on ajoute à la fin de chaque Requête l'inventaire des pieces rapportées au ſoutien des raiſons : ce qui fait une augmentation au volume de la Requête qui ſe paye également ſur le pied de 55 ſols par rolle, de ſorte qu'une ſeule piece dont la relation tiendra ſouvent deux rolles n'auroit fait au Parlement qu'un article de 25 ſols.

2°. Avant la Commiſſion il n'en coutoit

que 6 liv. de frais pour une ordonnance de publication de dénombrement ; depuis la Commiſſion les droits vont à 12 liv., & il en eſt ſans doute de même des autres articles dont on peut faire comparaiſon.

3°. Quoique par les Lettres Patentes de 1752 l'évocation ſoit faite de droit, & que par le dernier article il ſoit dit ex-preſſement que les Parties ſeront aſſignées à la Commiſſion en vertu même des Let-tres, le ſtile de la Commiſſion a introduit la néceſſité d'une ordonnance d'évocation qui coute 18 liv. & qui s'obſerve à l'égard des inſtances déja pendantes devant d'au-tres Tribunaux, quand le fonds de la de-mande ne rouleroit que ſur 3 liv. de lods ou autres droits conteſtés.

La même ordonnance eſt néceſſaire pour l'introduction de chaque nouvelle inſtan-ce ; & ce qu'il y a encore de plus ſingulier, c'eſt que pour le rappel à la Commiſſion des inſtances pendantes précédemment de-vant les Treſoriers, il faut payer la même ſomme pour la même formalité.

4°. Par un Arrêt du Conſeil rendu le 15 Juillet 1666 à l'occaſion de la confection du papier Terrier, le choix des Notaires qui devoient recevoir les déclarations étoit laiſſé aux parties, & elles trouvoient en cela un avantage réel ; en ce qu'un Payſan employoit pour cela un Notaire de ſon voiſinage qui pouvoit ne rien prendre de lui pour ſes droits. Depuis la Commiſſion

& en vertu du pouvoir donné par les Lettres Patentes, les Tresoriers de France ont désigné en certaines subdélégations un seul Notaire, & en quelques autres deux seulement : de sorte que ce Paysan dont le journal de terre doit au Roi 2 sols de rente, sera obligé d'aller chez le Notaire désigné à deux ou trois lieues de chez lui, de perdre pour cela sa journée : ce n'est pas tout, ce Notaire surchargé de ce travail extraordinaire occasionnera à ce miserable peut-être deux ou trois voyages avant que de l'expédier, & cette premiere opération lui coutera dix fois plus que le fonds de la rente qu'il doit ; s'il en est de même de toute la suite de l'opération, bientôt il aura dépensé la valeur du Domaine utile.

5°. Dans toutes les subdélégations ou nominations de Juges, Substitut de Procureur du Roi, de Greffier de chaque département fixé sur les lieux, dont on a donné au Public une liste dans une Ordonnance du 18 Janvier dernier, rien ne garantit les peuples du ressort du Parlement des vexations qu'ils pourront éprouver de la part de ces Officiers. On n'annonce pas seulement quel est leur état & leur caractere, on ne sçait s'ils ont prêté serment en Justice, & en quelle qualité. Quoiqu'il en soit, le Parlement n'a point sçu précisément quelle est leur taxe, il lui est seulement revenu qu'elle est égale à celle que les Commissaires pour l'Agenois, le Con-

domois & l'Entre-deux-Mers avoient faite ; or il est dit dans celle-ci que les Officiers Subdélégués se taxeront en cas de
descente sur les lieux, & vacations extraordinaires selon la distance des lieux & la
nature de l'opération , ce qui revient à
une taxe arbitraire.

Enfin , il étoit porté par le Reglement
de 1666 que les Parties représenteroient
les déclarations par elles rendues dans des
tems voisins , & qu'il leur en seroit donné
un acte sommaire sans aucuns frais pour
leur décharge. Il est bien parlé dans les
Lettres Patentes de 1752 de la représenta-
tion des aveux & dénombremens déja rendus par les possesseurs , mais on y a omis
cette clause essentielle , qu'ils auront leur
acte de décharge sans aucuns frais.

A l'égard des épices & vacations personnelles des Tresoriers de France & des
conclusions du Procureur du Roi , le Parlement voudroit bien d'avance pouvoir se
persuader que ces Officiers ne les double-
ront pas en définitive , comme ils les ont
déja doublés pour les ordonnances simplement préparatoires , ainsi qu'on l'a déja
remarqué. S'ils ne se conforment pas en
cela au Reglement que le Parlement fit
sur la Requête même de M. le Duc de Bouil-
lon le 20 Août 1734 , & qui seul a réta-
bli le calme dans la Duché d'Albret ; ils
auront bien de la peine à justifier cette
diminution de frais sous l'ombre de la-

quelle ils ont surpris leur attributions.

QUATRIEME PRETEXTE.

Le danger que le Domaine court au Parle-
ment, lorsque des Officiers de cette Com-
pagnie plaident avec lui.

Le Parlement a déja rappellé cet axiome
si connu du tems de Chopin, qu'il est contraire aux véritables interêts du Domaine
qu'il soit jugé par des commissions particulieres, & rien ne le prouve mieux que
ce nombre prodigieux de commissions qui
ont lieu depuis le quinzieme siecle, & qui
devoient l'avoir mis dans dans une évidence à l'abri de toute contestation.

Dès-lors le Parlement pensoit ainsi au
rapport de cet Auteur, quoiqu'il eût toujours été d'usage de ne choisir les Commissaires que dans cette Compagnie ; &
comme les principes & les regles sont invariables, il pense encore aujourd'hui de
la même façon.

Le Parlement a déja remarqué qu'il est
absolument indispensable de conserver une
premiere instance dans toutes les affaires,
afin que les unes puissent être terminées
par les premiers Juges, & que les autres
puissent être suffisamment connues & ap-
profondies dans divers Tribunaux ; mais
si sa Majesté étoit déterminée à faire une
exception pour les matieres Domaniales ,

le Parlement eût préfumé qu'elle fe feroit
portée à la faire en fa faveur ; dans le concours du fupérieur & de l'inférieur tout
parloit en faveur du premier, l'exemple
de François I, plus encore ces témoignages fuivis, ces marques multipliées de
confiance & de bonté dont les Prédécef-
feurs de Sa Majefté l'ont honoré lui-même, & qui font dans fes Regiftres le titre
principal de la diftinction dont il jouit
parmi les Juges de fon Reffort.

Cette attribution auroit pu fe concilier
avec les principes du droit public. L'importance feule de la matiere & la faveur
qu'elle merite l'euffent juftifiée, comme elle
juftifie le privilege des pauvres, celui des
duels & un nombre d'autres. C'eft alors
que le Parlement auroit tâché de mettre
en évidence & fous les yeux de tous les
peuples de fon Reffort ce qu'ils devoient
gagner à ce changement.

Si un changement qui renverfe à la fois,
& les regles du droit public & celles de la
fubordination, a dû furprendre le Parlement, combien a-t-il dû être fenfible
lorfqu'il lui eft revenu qu'il avoit été fol-
licité principalement fur un reproche de
partialité qu'on lui impute entre le Domaine & l'interêt de fes Officiers ?

Rien n'eft fans doute plus deftructif de
cette intégrité qui fait le caractere effen-
tiel des Juges, que ce qui les affecte d'un
foupçon de partialité : auffi nos Rois ont-

ils pourvu par les regles des évocations à celui que la parenté & l'alliance peuvent faire naître · ils se sont contentés dans certains cas de renvoyer dans une autre Chambre les procès des Officiers poursuivis dans celle où ils servent actuellement.

Oseroit-on dire, ou que nos Rois n'ont pas pourvu suffisamment à l'inconvénient de la confraternité, ou qu'ils aient passé plus legerement sur les conséquences lorsqu'il ne s'agit que de l'intérêt de leurs sujets, & qu'ils aient reservé toute leur attention pour leur interêt propre ? L'injure ne sçauroit être plus vive vis-à-vis du Parlement, mais elle est atroce en ce qu'elle attaque le jugement même du Souverain, & son amour pour des peuples à qui il doit la même justice qu'à lui-même.

Tous les jours les Officiers du Parlement jugent leurs confreres plaidans contre des étrangers, soit en matiere civile, soit en matiere criminelle, & le Roi est tranquille sur la pureté de leur intention.

Il faut donc, pour donner quelque credit au prétexte de partialité imaginé par le sieur Comarieu, supposer que les Officiers du Parlement perdent tout d'un coup tout sentiment de respect pour leur état, toute affection pour la Justice, que leur zele pour Sa Majesté s'évanouit, qu'ils deviennent enfin prévaricateurs dans le seul cas où leurs confreres ont quelque discution avec le Domaine. Devroit-il donc

être permis à des inférieurs de porter l'in-
discretion jusqu'à élever ainsi contre les
premiers Tribunaux du Royaume de pareils soupçons ?

S'il est vrai que le sieur Comarieu les
ait employés ces soupçons, pour rendre
plus favorable la demande qu'il a faite de
cette attribution extraordinaire, ou il les
a fondés sur une tentation qu'il attribue à
un vice d'humanité, ou il a prétendu en
tirer la preuve de quelques procès injustement jugés contre le Domaine en faveur
de quelques Officiers du Parlement.

Au premier cas, par quel sort les Tresoriers de France feront-ils exempts de
cette tentation, lorsqu'ils jugeront leurs
confreres dans de pareils procès ? Au second cas, le Parlement consent, il souhai-
te & desire que Sa Majesté veuille bien
prendre connoissance de ces faits particuliers ; elle se trouvera elle-même interes-
sée à venger l'honneur de son Parlement
qu'Elle ne permettra pas que l'on attaque
impunément avec tant de licence.

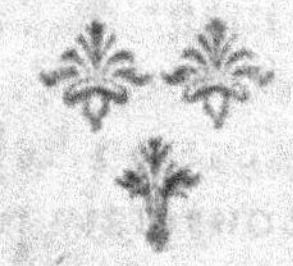

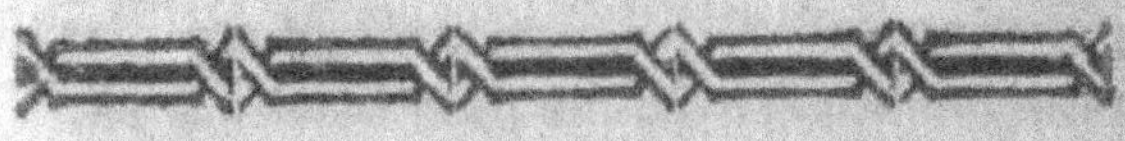

NOTES SUCCINTES

Du Parlement de Bordeaux,

Sur le dernier Mémoire des Treforiers de France.

L'Objet du Parlement n'eft point de donner un nouveau corps d'ouvrage fur l'affaire qu'il a avec le Bureau des Finances de Bordeaux, c'eft ce qu'il fe referve de faire lorfqu'il aura obtenu le renvoi qu'il demande à un Bureau de Legislation : il fe borne pour le préfent à détruire par quelques Réponfes précifes les préventions que ces Officiers ont affectées de répandre dans le public contre le fiftéme de fa défenfe.

PREMIERE OBJECTION

Des Treforiers de France.

Le premier appanage de la Souveraineté eft le pouvoir de donner des Loix, & d'établir pour leur exécution tel ordre, quel qu'il foit, que le Souverain prefere ; c'eft à lui qu'appartient toute Jurifdiction : il eft le maître dans fes Etats, fes volontés font la regle de tout fujet fidele : ce principe

fupérieur à tout autre , la bafe & le fondement de tout droit public dans un état
purement Monarchique , ne fouffre point
de modification ; c'eft le contredire que
de le fubordonner aux ufages anciens, quel
que puiffe être le prix & le merite de ces
ufages.

RÉPONSE DU PARLEMENT.

Le Parlement fçait que le premier attri-
but de la Souveraineté eft celui de faire des
Loix ; qu'en la perfonne facrée du Prince
refide la plenitude du pouvoir legislatif:
qu'il eft le principe de toute Jurifdiction ;
qu'il eft enfin le maître dans fes Etats,& que
fa volonté eft la regle de tous fes Sujets
fans diftinction. Ce font là des vérités précieufes dont le Parlement eft le dépofitaire
& le défenfeur ; & fi les Treforiers de
France étoient capables de s'écarter de ces
principes , c'eft à lui, par les Loix du
Royaume , qu'ils en feroient comptables.

Mais autant qu'il eft vrai que le pouvoir du Prince eft abfolu , autant eft-il
incontestable qu'il les modifie lui-même
par amour pour fes Peuples , & par attachement pour fa gloire : de là fon zele
pour le maintien des Loix , d'où dépend
la fureté de fes Sujets & la folidité de fon
Gouvernement. C'eft ce qui fit dire autrefois à Juftinien , que *la Majefté Impériale*
ne doit pas feulement briller par les armes ,

mais que c'eft de la protection qu'elle accorde aux Loix qu'elle tire fa plus folide grandeur. C'eft encore fur ce principe qu'un grand Roi fonda cet oracle : *Je peux tout ce que je veux , parce que je ne veux rien que felon les Loix.*

Les volontés des Rois font les feules regles de leurs Sujets , mais elles font renfermées dans les Loix & les Ordonnances qui font leurs vrais commandemens : c'eft dans ces monumens auguftes confacrés par le refpect de plufieurs fiecles , & qui deviennent le propre ouvrage du Monarque qui regne , que les Parlemens tenant de lui toute l'autorité qu'ils exercent , trouvent le principe de leur conduite : ils y apprennent les obligations importantes que leur impofe le dépôt qui leur a été confié : ils y puifent cette vigilance attentive à conferver ce dépôt dans fon intégrité , à maintenir cet ordre permanent des Jurifdictions , feul titre de la confiance des peuples dans l'adminiftration de la Juftice qui leur eft dûe , & à défendre avec tout le zele dont ils font capables, ce droit public , fi important par lui même , qu'il eft la regle invariable de toute adminiftration publique.

Cela fuppofé ; & le Parlement ayant démontré jufqu'à l'évidence dans ces premiers Memoires que la connoiffance du Domaine de la Couronne , en ce qui a rapport au dernier reffort de la contention, lui appartient par le droit public d'une maniere incommunicable, non-seulement en vertu du titre universel de competance, qui lui est commun avec les autres Parlemens depuis l'institution primitive de ce premier ordre de Magistrats, mais encore par une suite de titres particuliers qui l'ont confirmée ou supposée d'âge en âge, il ne s'agit point, comme l'insinuent les Tresoriers de France, de sçavoir si le Roi a pu y déroger; il est indécent d'agiter cette question en de pareils termes: il est aussi indécent de supposer qu'il l'a voulu en pleine connoissance de cause; ce n'est peut-être que par des vues d'interêt & purement personnelles qu'on attaque ainsi sa sagesse, sous prétexte de flater lâchement son autorité.

Ces Officiers auroient bien mieux fait de se renfermer uniquement dans la question de sçavoir, si en effet la compétance du Parlement sur le Domaine, en ce qui regarde le dernier ressort de la contention, est fondée sur le droit public. Voilà en quoi consiste le procès: mais loin de se borner à cette précision si nécessaire, ils n'ont répondu dans leurs Memoires que des sophismes, plus capables de surprendre la prévention du public, que de l'éclairer sur cette importante décision.

Comme le Parlement croit pouvoir dire avec confiance que tout à cet égard a été approfondi dans ses Mémoires, il se con-

tente d'y renvoyer le Lecteur : il ne répon-
dra ici qu'aux faits nouveaux, aux citations
tronquées ou mal appliquées, aux raison-
nemens trop captieux, qui par eux-mêmes
n'indiquent pas assez leur réponse ; il ne
rappellera même que le moins qui lui sera
possible, ce qu'il a deja dit, quel que soit
l'air d'assurance avec lequel les Tresoriers
de France rappellent sans cesse leurs premieres objections, comme si jamais on
n'y avoit répondu.

SECONDE OBJECTION

Des Tresoriers de France.

En supposant dans le Parlement, suivant son sistême, une Jurisdiction qu'il
dit être entiere, universelle, sans reserve
d'aucune attribution, c'est declarer tous
ces Tribunaux postérieurs de date à la
sienne, d'une espèce suspecte, équivoque,
& sans titre réel. Ainsi les Tresoriers
pourroient s'aider utilement de l'interêt
de toutes les Cours supérieures, autres
que les Parlemens, & les soulever avec
raison contre un sistême dont le premier
effet est de décrediter leurs attributs &
leur compétance.

Que si le droit public, en admettant ces
Compagnies, a pu supporter une dérogation aussi considerable que le sont des
transports aussi multipliés de cette Juris-

diction primitive , à moins forte raison
est-il blessé par des Commissions momentanées qui ne doivent durer qu'autant que
l'operation des Terriers , & qui n'affectent
en rien le fonds même & l'essence de la
Jurisdiction , sur-tout si on considere que
ces Commissions ont formé par leur suite
& leur continuité un véritable droit commun en cette matiere.

RÉPONSE DU PARLEMENT.

Le Parlement n'a garde de reconnoitre
l'imputation que lui font les Tresoriers
de France , de regarder comme suspects ,
équivoques & sans titre réel les établisse-
mens des Compagnies qu'il a vu se former:
ils ont reçu par les enregistremens , qui
en ont fait connoitre la légitimité relative à des raisons d'Etat , une authenticité
qui les garantit de toute atteinte. C'est
par là qu'ils ont commencé à prendre place dans l'œconomie du droit public ; *car
par nos mœurs*, dit le President Ferrier, l'un
de nos Ambassadeurs au Concile de Trente , *par nos mœurs & par les plus anciennes
constitutions de nos Rois Très-Chrétiens ,
toujours religieusement observées jusqu'à ce
jour , rien en France ne peut avoir caractere
de publicité , soit en matiere sacrée , ou pro-
fane , qu'il ne soit enregistré & publié par un
Arrêt du Parlement.*

C'est sur ce principe qu'on lit dans le

Procès-Verbal des conférences sur l'Ordonnance (*a*) de 1667, « que le grand
» Premier Président de Lamoignon, éle-
» vant sa voix pour être entendu, dit, que
» la compétance du Parlement étoit géné-
» rale pour toutes sortes d'affaires, qu'on
» revoquoit fort peu en doute qu'il n'eût
» connu des matieres qui sont présente-
» ment portées au Grand-Conseil, & à la
» Cour des Aydes : qu'il étoit au pouvoir
» du Roi de donner la compétance aux
» Juges, mais que toutes les attributions
» particulieres faites aux autres Compa-
» gnies, n'ôtoit pas au Parlement cette
» compétance générale qui venoit de son
« institution dans les affaires où on alle-
» guoit des exceptions, si ce n'est que
» l'usage & les Ordonnances vérifiées les
» fissent évidemment reconnoître : qu'ainsi
» on ne faisoit point difficulté de recon-
» noître celle de la Cour des Aydes pour
» les affaires qui lui sont attribuées. »

C'est sur ce même principe, que les
Parlemens ne contestent point aujourdhui
aux Tresoriers de France la connoissance
de tout ce qui appartient à la direction du
Domaine, & même ce qui appartient à la
contention en premiere instance, depuis
que, cedant aux nécessités de l'Etat (*b*), ils
ont enregistré l'Edit de 1627.

(*a*) Tit. des fins de non proceder.
(*b*) Les Tresoriers rejettent ce motif d'enregistrement, en disant que la paix étoit faite en 1636,

Les Tréforiers de France rapportent-ils
aujourd'hui des Loix publiques, c'est-à-
dire des Loix vérifiées au Parlement qui
aient eu leur exécution, & qui leur aient
attribué la Jurisdiction en dernier Reſſort
ſur le Domaine & ſur les matieres incidentes & connnexes, telle que celle qu'ils
ont ſurpris de la religion du Conſeil par
les Lettres Patentes de 1752 ?

S'ils ſont hors d'état de faire ce rapport,
s'ils n'ont d'autre titre à citer que l'exemple de quelques Commiſſions particulieres
qui n'ont jamais été ſoumiſes à cet ordre
légal de vérification, fuſſent-elles encore
plus multipliées, elles ne peuvent ni former dans le Royaume une nouvelle eſpèce
de droit public inconnu à nos Peres, ni
déroger aux Loix qui ont formé, dès les
premiers tems, le véritable droit public.
Soutenir un tel paradoxe, c'eſt profaner
ce droit reſpectable : & ſi de ſemblables
idées pouvoient être admiſes, bientôt
celle que nous devons avoir du droit public s'évanouiroit parmi nous.

C'eſt pour éviter les inconvéniens des
ſurpriſes & de l'importunité, que nos
Rois ont défendu à leurs Parlemens d'avoir

lors des dernieres Lettres de Juſſion adreſſées au
Parlement de Bordeaux. Cela eſt vrai, mais c'eſt
préciſément alors que l'épuiſement du tréſor Royal
ſe fit le plus ſentir ; on étoit hors d'état de leur rem-
bourſer au moins ſix millions qui étoient le prix de
l'attribution.

égard aux évocations & aux Commissions extraordinaires, quand même elles leur seroient connues par des voies légales ; & cette prohibition tombe sur le Domaine encore plus particulierement, comme le Parlement l'a démontré dans ses premiers Mémoires. Que peut-on donc & que doit-on dire, si ces Commissions ne leur sont pas seulement adressées ; s'ils ne peuvent délibérer ; s'ils ne sont pas mis à portée de balancer les inconvéniens qui suivent par nécessité de l'infraction de l'ordre public des Jurisdictions, avec les avantages équivoques d'une prétendue utilité momentanée ; s'ils ne sont pas mis enfin dans la voie de représenter au Prince ce qui est du bien de son service, ce qui touche ses véritables intérêts, ce qui importe essentiellement à ses peuples, & qu'elle est la loi qui oblige les Parlemens à suspendre leur Jurisdiction ?

C'est encore une équivoque qui ne méritoit plus de réponse après ce que le Parlement en a dit, que les Commissions de cette espece ne touchent point à la substance de la Jurisdiction dont l'essence n'est point altérée, puisqu'elles ne font tout au plus qu'en suspendre l'exercice. De bons esprits n'admettront jamais un pareil raisonnement : L'exercice de la Jurisdiction est, dans les vues du droit public, inséparable de ce qu'on appelle son essence. Rappellons encore ici ce que c'est que le droit

public en matiere de Jurifdiction : un ordre fixe, conftant, permanent, immuable,
qui les diftingue felon la nature des chofes
qui en font l'objet : que fera-ce que cet
ordre, s'il eft permis de le rendre arbitraire, en mettant dans d'autres mains l'exercice de la Jurifdiction ? que fera - ce que
la Jurifdiction elle-même confiderée dans
fon effence ? un vain titre, auquel le retour de l'exercice ne fe fera jamais par l'intérêt qu'auront les Commiffaires de perpétuer la durée de leurs Commiffions.
Ainfi dès qu'on conviendra qu'un certain
ordre de Jurifdiction peut être arbitraire-
ment établi dans le Royaume, on fera forcé de convenir que le Royaume peut être
pendant un tems fans droit public, fans
loix, fans ufages, fans principes.

Troisieme Objection

Des Treforiers de France.

Le Parlement lui-même a vu ériger au
dedans de lui un Tribunal particulier qui
lui enleva la Jurifdiction du Domaine fous
le regne de François premier ; & fi c'eft
dans le Parlement de Paris que ce Tribunal
fut choifi, fa qualité diftinctive de Cour
de Fiefs, & fa prééminence reconnue dû-
rent lui mériter cet avantage : du moins
eft-il certain que par là les Parlemens des
Provinces furent entierement dépouillés.

Le Parlement de Toulouse n'exerce dans son Ressort la Jurisdiction du Domaine sous aucun rapport ; elle appartient à la Chambre des Comptes de Montpellier par Edit de 1690 pour une partie : le reste est sous la main de la Chambre des Comptes de Pau, qui sur le fondement d'un pareil Edit de 1691 y a été maintenue depuis par un Arrêt contradictoire.

Le Parlement de Besançon est dans la même hypothèse vis-à-vis la Chambre des Comptes de Dole par un Edit de 1692.

Le Parlement de Normandie ne connoit du Domaine que dans le service des foi & hommages des Vassaux, & les contestations qui peuvent s'élever de Partie à Partie ; encore n'est-ce que par le consentement de la Cour des Comptes de Rouen, à qui le Domaine, en soi & dans l'intérêt du Prince, appartient.

Comment concilier tous ces changemens, & surtout cet état actuel des choses, avec cette Jurisdiction du Parlement si essentielle à son être, si incommunicable par le droit public, si ce n'est qu'on convienne que tout cela est subordonné aux changemens que le Prince juge à propos d'introduire pour un plus grand bien.

RÉPONSE DU PARLEMENT.

L'exemple de la Chambre Souveraine établie pour le Domaine sous François I prouve

prouve plus contre les Treforiers de France que pour eux : Le Parlement l'a déja employé lui-même dans fes Mémoires, pour
démontrer que ces fortes de dérogations
au droit public ne peuvent jamais fubfifter.
En effet, la Déclaration de 1543, qui l'a-
voit établie pour toujours, fut revoquée
par l'Edit de 1546, adreffé à tous les Parlemens : en voici les termes. « Voulons
» que notredite Cour de Parlement de Tou-
» loufe & nos autres Cours de Parlement,
» connoiffent par appel des jugemens de
» nos Bailliffs & Sénéchaux ; & en dernier
» reffort de tous procès & différens mus &
» à mouvoir à caufe de notre Domaine,
» & autres nos droits Royaux, chacun de-
» dans les fins & limites de leurs refforts,
» tout ainfi & en la maniere que ci-de-
» vant, & auparavant ladite Déclaration,
» ils avoient accoutumé de connoître & ju-
» ger : interdifant & défendant expreffé-
» ment à ladite Chambre du Domaine de
» notre Parlement de Paris d'en entrepren-
» dre à l'avenir aucune Cour & Jurifdic-
» tion, hors les fins & limites dudit Parle-
» ment de Paris ; leur enjoignons expreffé-
» ment fi aucun procès étoit pendant de-
» vant eux, qu'incontinent & fans délai,
» ils le renvoyent en l'état où il eft à celle
» de nos Cours où il devoit reffortir aupa-
» ravant l'érection de ladite Chambre du
» Domaine, pour y être jugé & fini ainfi
» qu'il appartiendra. »

D

Cet Edit, en nous apprenant le fort de cette Chambre du Domaine, nous rappelle encore cette Jurifdiction ancienne & de droit public qui a toujours appartenu au Parlement. Et c'eft à ce même droit public que tous les Grands du Royaume confultés par Henri III rendirent en 1583 ce témoignage fi folemnel : *Pour ce qui eft du Domaine ufurpé, parce qu'il eft toujours controverfé & ne fe peut éclaircir que par Arrêts & Jugemens qui doivent être donnés par les Cours de Parlement qui en feront les Juges naturels*, &c. Ils ne parlent point là du Parlement de Paris comme ayant, en qualité de Cour de Fiefs, un privilege excluf; ils finiffent en déclarant qu'ils eftiment que tous les arrangemens qu'ils ont propofé pour le Parlement de Paris, doivent être communs pour tous les autres Parlemens.

Les Treforiers de France ne font pas bien inftruits, ou ils affectent de ne pas l'être, lorfqu'ils difent que l'Edit de 1690 a diftrait du Parlement de Touloufe la Jurifdiction du Domaine pour en revêtir la Chambre des Comptes de Montpellier : le Parlement les renvoye à l'avis de M. de Bavilie, & aux pieces du procès qui eft encore pendant entre ces deux Cours. Il leur avoit déja dit que dans le principe ce n'étoit qu'une Commiffion pour la confection du Terrier, & il avoit cité cet exemple pour prouver que toutes les Commiffions, d'abord momentanées en apparence, dégéneroient enfin par suite des tems en titres réels par la perpétuité que leur donnent les Commissaires toujours jaloux d'en proroger les attributs : il vient de rappeller cette conjecture sous l'article précédent, & il tire ici cet avantage des propres expressions des Tresoriers de France, qu'ils vérifient eux-mêmes ce qu'il a avancé sur ce point. Le fait vient encore à l'appui pour démontrer une illusion qu'on décore du prétexte d'accélération du Terrier : depuis soixante-quatre ans le Terrier du Languedoc n'est pas achevé ; & tout ce qui résulte de cet Edit de 1690, c'est que la Chambre des Comptes de Montpellier se perpétue dans la Jurisdiction du Domaine, & que les Tresoriers de France de Bordeaux d'après elle, qualifient de titre réel & de transport effectif de cette Jurisdiction, ce qui ne fut d'abord accordé qu'à titre de Commission momentanée qui devoit finir avec le Terrier.

On communiquera aux Tresoriers de France les titres particuliers de la Chambre des Comptes de Pau, qui d'ailleurs a cet avantage qu'elle est réunie au Parlement.

Les Mémoires fournis par le Parlement de Besançon pour faire expliquer ou revoquer l'Edit de 1692, leur apprendront combien cet exemple leur est étranger.

Enfin l'Arrêt de 1697 rendu entre le

Parlement & la Chambre des Comptes de Normandie, ne parle que de la direction du Domaine, & ne décide rien sur la contention qui appartient en premiere instance aux Tresoriers de Rouen, Caen & Alençon, & par appel au Parlement de Rouen ; & ce n'est que du consentement de ce dernier Tribunal, que la Chambre des Comptes a été autorisée à connoître des oppositions aux dénombremens auxquels le Roi seul a intérêt.

Quoiqu'il en soit, tous ces procès prouvent, mieux qu'on ne sauroit le dire, que les Commissions sont toujours sujettes à une multitude d'inconvéniens. On ne voit point de discussion entre les Juges lorsque chacun se renferme dans les bornes que l'ordre public lui a assigné ; mais il est de la nature des choses que ces discussions s'élevent toutes les fois que cet ordre est interverti, & on n'a pas besoin d'annoncer qu'elles en sont les conséquences.

Mais où les Tresoriers de France se laissent-ils entraîner contre leur intérêt, par la seule passion de combattre le Parlement ? ont-ils donc oublié tous les démêlés qu'ils ont eu, & qu'ils ont encore avec la plupart des Chambres des Comptes du Royaume qu'ils soutiennent incapables de toute Jurisdiction contentieuse même en premiere instance. Ceux de Paris tiennent bien un autre langage : en revendiquant leurs droits contre la Chambre des Comptes de cette ville, ils se font honneur de déclarer qu'ils ne connoissent d'autre Supérieur en matiere de Voyerie & de Domaine que le Parlement ; & c'est en effet ce qui a été jugé entre les Bureaux des Finances, & les Cours des Comptes par les Reglemens de 1666, pour Aix ; de 1668, pour Paris ; de 1681, pour Bretagne ; de 1691, pour le Dauphiné ; & de 1727, pour la Bourgogne.

QUATRIEME OBJECTION

Des Treforiers de France.

On peut réduire cette longue énumeration de titres & de Commissions dont ces Officiers ont rempli une grande partie de leur Mémoire à cette objection.

Comment cette Jurisdiction primitive, essentielle, universelle & incommunicable du Parlement sur le Domaine, est-elle compatible avec cette multitude de titres qui l'ont supposée depuis si long-tems entre les mains des Treforiers de France, ou qui la lui ont rendue si souvent sans contradiction de sa part ?

Tous ces titres lui sont connus, il les a soufferts, ils ont eu leur exécution sous ses yeux ; comment son zele pour le droit public du Royaume a-t-il toujours été endormi, & ne s'est-il reveillé qu'à l'occasion des Lettres Patentes de 1752, qui ne font qu'une suite de tous ces titres qui sont copiés sur le Protocole général du Conseil pour la forme de dresser de parcilles attributions ? Ne doit-on pas conclure de cette chaîne de titres, avec bien plus de raison que ne le fait le Parlement, que ce qu'il appelle l'ancien droit public du Royaume est toujours subordonné à la volonté du Souverain ; ou que comme il n'a pris la preuve de son ancien droit public, que dans les titres qu'il a extraits du Recueil des Ordonnances, les Tresoriers de France qui ont extrait les leurs du même Recueil, ou qui les joignent au long dans leur production, ont aussi leur droit public d'autant plus capable de mériter la préférence, qu'il a en sa faveur le dernier état ?

Réponse du Parlement.

Tous ces Edits, toutes ces Commissions employées pour les Tresoriers de France ne forment qu'une longue répétition de leur premier Mémoire ; & comme le Parlement y avoit répondu, il peut les abandonner à l'analyse qu'il en a déja fait : il se contente ici de rappeller une maxime qui est invariable & qu'on peut regarder comme un premier principe en matiere de legislation.

Ce principe est, que le véritable droit public d'un Etat, tel que le Parlement l'a défini d'après les idées les plus simples &

les plus claires qu'on peut en avoir , n'est
point détruit par des actes de dérogeance ,

1°. Si ces actes ne sont point revêtus du
caractere de publicité que le droit public
avoit introduit pour être reconnu lui-
même.

2°. Si ces actes n'ont pas été suivis d'u-
ne exécution constante , permanente , tranquille , avouée , & reconnue sans contradiction , sans opposition , sans reclamation.

Ce principe supposé , ce vain étalage
d'Edits rapportés par les Tresoriers de
France se réduit presque à rien , si on en
sépare ceux qui n'ont été rendus que sur le
fait de la visitation , reformation , confection des Terriers , correction d'abus dans
l'administration des Domaines , recherche , revocation , ou réunion de ceux qui
avoient été aliénés ou usurpés. Car tous
ces Edits qui ne supposent ni contradiction
des Parties , ni jugemens à rendre entr'elles , n'ont rapport qu'à la direction telle
que le Parlement l'a définie dans ses Mémoires : ils n'ont par conséquent aucun
rapport à la question dans la discussion de
laquelle le Parlement ne leur a jamais con-
testé la direction & tout ce qui en dépend.

Il y a même , on ose le dire , de la
mauvaise foi de leur part , de revenir perpétuellement à la citation de ces Edits , &
de répandre dans le Public que le Parle-

ment contefte au Roi de faire faire fon
Terrier par qui il lui plait. Des Commiffaires verfés dans les regles de la légiflation, & qui voudront bien prendre la peine de tout vérifier par eux-mêmes, ne fe
laifferont pas furprendre; mais le Public
peu inftruit a befoin d'être déprévenu du
faux jour que les Treforiers de France ont
donné à deffein au fiftême du Parlement.

Parmi tous ces Edits, il n'y a que ceux
de 1386 & 1389 de Charles VI, qui, en
établiffant des Treforiers de Juftice, leur
avoit en effet attribué la connoiffance de
la contention dont il s'agit maintenant.
Mais ceux d'aujourd'hui ont-ils dû diffi-
muler quelle fut la fuite de cette faveur ou-
trée que ces Treforiers avoient furprife auprès de ce Prince ? L'abus qu'ils en firent,
leur ambition, leur indifcrétion, & fur-
tout leur incapacité perfonnelle les con-
duifirent bientôt à une fuppreffion abfo-
lue. Pafquier n'eft pas le feul qui ait con-
fervé cette anecdote ; avant lui la Chroni-
que de Montrelet en faifoit foi, & elle a
paffé par une infinité de fources dans les
mains de tous les Savans.

Envain prétend-on que la Jurifdiction
des Treforiers de Juftice ne fut pas anéan-
tie pour la derniere fois par l'Edit de
1413, & qu'elle fubfifta après cet Edit comme auparavant. Qu'on explique donc ce
que veulent dire ces termes : *dorénavant* (a)

______

(a) Art. 212 de l'Edit.

Il n'y aura plus de Treforiers de Juflice ; & qu'on fe fouvienne que par les Edits précédens, c'étoit les feuls Treforiers de Juftice qui connoiffoient de la contention à titre de Jurifdiction.

Le Parlement a lui-même relevé dans fes Mémoires, que poftérieurement à l'Edit de 1413 ces Treforiers de Juftice firent tout ce qu'ils purent, à l'aide du credit qu'ils avoient fçu fe procurer à la Cour, & furtout à la Chancellerie, pour relever leur état : de-là ces Lettres de provifions clandeftines confervées dans leurs Recueils ; de là cette fuppofition, qu'ils donnoient le caractere de Juges à des Avocats, à qui fur leur préfentation on accordoit des brevets d'une efpece de Jurifdiction irréguliere, dont le patronage leur étoit refervé. Tout ce qu'on peut conclure de toutes ces chofes, c'eft que, dès-lors comme aujourd'hui, le droit public reclamoit contre l'incapacité de ces Treforiers ; dès-lors, comme aujourd'hui, on avoit fenti l'abus d'une Juftice adminiftrée par des Juges illiterés. D'ailleurs qu'eft-ce que des provifions d'office d'un Tribunal fupprimé, fans nouvelle création de ce Tribunal ? C'eft ce titre de création nouvelle qu'il faudroit rapporter, & c'eft ce que les Officiers du Bureau des Finances ne fauroient faire.

Ils prétendent que les termes des Edits de 1445 & 1489 ne laiffent aucun doute

sur la perpétuité de ces Treforiers de Justice après la suppreffion de 1413. Ils repro-
chent au Parlement de n'avoir fçu y apper-
cevoir aucun trait qui ait rapport à la Jurifdiction ; & pour le convaincre de mé-
prife , ils rapportent ces Edits tout au
long.

Le Parlement n'a point dit que ces Edits
ne fe rapportaffent pas à la Jurifdiction ;
fa reflexion étoit générale, elle portoit fur
cette longue énumération de Titres & de
Commiffions dont ils avoient rempli leur
premier Mémoire ; que s'ils n'ont pas trouvé dans fa replique une réponfe précife à
ceux de 1445 & 1489 , il eft jufte de les fatisfaire.

Ces Edits n'ont jamais eu ni publicité ,
ni exécution. La preuve en eft prife de ce
qu'ils ne furent point enregiftrés dans leur
tems. Le Parlement de Bordeaux n'en en-
tendit parler pour la premiere fois que plus
de cent quarante ans après la date du premier , & plus de vingt-quatre ans après la
date du fecond; il confentit , à la vérité ,
que ces Edits avec les privileges y énon-
cés *in globo*, fuffent mis dans les Regiftres;
mais outre qu'une pareille forme d'enregiftrement , qui ne fuppofoit aucune vérification détaillée de ces privileges , qui
n'ordonnoit point qu'ils en fortiroient
leur effet , ne pouvoit pas leur donner le
caractere de publicité néceffaire pour qu'ils
fiffent partie du droit public ; d'ailleurs

qu'importoit alors cet enregiſtrement ;
n'étoit-il pas ſans aucune conſéquence ,
puiſque ces Officiers conviennent encore
aujourd'hui que plus de quarante ans auparavant , & du moins depuis l'Edit de
Cremieux de 1536 , ils n'avoient exercé
aucune eſpece de Juriſdiction ſur le Domaine , & qu'ils ne reprirent cet exercice
qu'en vertu de l'Edit de 1627.

Il eſt donc faux que ces Edits ayent jamais eu d'exécution ; car on ne donnera
point ce terme d'exécution à quelque tentative qu'ils peuvent avoir fait de loin en
loin ſur la Juriſdiction contentieuſe (a) ;
chaque fois qu'ils ont voulu l'entreprendre , les Arrêts des Cours Souveraines le
leur ont expreſſément inhibé. Tels ſont
ceux du Parlement de Paris du . . . . , de la
Cour des Aydes , qu'on a choiſis parce que
leurs propres auteurs les rapportent (b).

Voilà donc le droit public qu'ils oſent
invoquer , fondé , diſent-ils , ſur un *enſemble* de titres qui ſe ſuivent , qui ſe ſou-

(a) On eſt d'autant plus fondé à mettre en fait
que jamais les Treſoriers de France n'avoient exercé
la juriſdiction contentieuſe avant l'Edit de 1627.
qu'il n'y avoit jamais eu parmi eux de partie publique , & que cet Edit eſt la premiere epoque de la
création de leurs Procureurs du Roi.

(b) Vid. Bouchet , verb. Treſoriers. Baquet de la
Chambre du Treſor , n. 14. Miraumont , pag. 287
& 538.

D vj

tiennent, & qui se confirment mutuellè-
ment.

Les uns sont inapplicables, parce qu'ils
n'ont rapport qu'à la direction qu'on ne
ne leur conteste pas; les autres qui ont
quelque rapport à la contention n'ont aucun des caracteres du Droit Public.

Ils auroient bien mieux fait de s'attacher à combattre la distinction à laquelle
ils disent que le Parlement revient sans
cesse entre la direction & la contention en
matiere de Domaine & de Voyerie: c'est-
là en effet l'objet capital de la discussion.
On observe qu'après sept mois de reflexion
ils n'en disent pas un mot. Le Parlement
prend donc acte de leur conviction; &
puisqu'ils sont forcés de reconnoître que la
contention ne leur a jamais été accordée
par le droit public avant l'Edit de 1627,
qu'ils se bornent à cette époque, qu'ils se
contentent de l'espece de Jurisdiction subordonnée que cet Edit leur attribue; le
Parlement ne s'y oppose point; mais tout
autant qu'ils voudront remonter plus haut
pour étayer sur des titres clandestins leur
prétendue Jurisdiction & la rendre souveraine, ils trouveront en lui, & dans tous
les tems, un légitime contradicteur: sans
cesse pour l'honneur de la Justice, il leur
objectera leur incapacité personnelle, sans
cesse, malgré tous leurs Edits, il les rappellera avec confiance à ce premier principe, que le véritable droit public n'est

point interrompu par des actes de dérogeance, si par l'enregistrement ils n'ont reçu le caractere de publicité & d'exécution qu'il a introduit lui-même pour être reconnu ; & si cette exécution n'a été si suivie, si constante, si tranquille, qu'il ne reste plus d'idée de contradiction dans la mémoire des hommes.

Ce que les Tresoriers de France répétent au sujet des Commissions extraordinaires du Terrier, n'a pas plus de conséquence. On y a déja répondu ; on se contentera de dire, que c'est la premiere fois qu'on a employé comme droit public, des Commissions qui n'en sont que des dérogations particulieres, & qui par leur nature ne peuvent jamais tirer à aucune conséquence contre lui.

Le silence qu'ils opposent au Parlement sur ces Commissions, doit leur être d'une bien foible ressource ; on l'a déja dit dans les Mémoires du Parlement. Est-il possible que des Officiers qui se prétendent descendus de l'ordre des Magistrats, qui pour toute preuve de capacité, à défaut des preuves légales, croient du moins pouvoir alléguer un exercice de cent vingt ans d'une Jurisdiction Subalterne, pour de-là être transformés en Magistrats Souverains, aient besoin qu'on leur apprenne les premiers principes du Droit Public ?

Qu'ils sachent donc, & qu'ils l'apprennent une fois pour toutes, du Parlement

qui eſt le dépoſitaire de ces principes, que
telle eſt la nature & le privilege du droit
public, qu'il eſt ſupérieur à toutes les
preſcriptions ; & puiſque le reſpect qu'a
toujours eu le Parlement pour tout ce qui
porte le nom ſacré du Souverain, n'eſt pas
pour eux une réponſe qui les ſatisfaſſe ;
qu'ils apprennent encore une fois, que le
droit public reclame toujours par lui-même, & malgré le ſilence de ſes défenſeurs,
contre tout ce qui le bleſſe ou qui y déro-
ge, & que ſurtout en matiere de Juriſdiction il n'y a jamais de fin de non recevoir
à oppoſer.

On paſſera aux Treſoriers de France,
s'ils le veulent, que le Parlement a eu
tort de ne pas s'élever dans le principe
contre toutes ces Commiſſions, de n'avoir
pas repréſenté au Souverain avec toute l'o-
béiſſance & la ſoumiſſion qu'il devoit,
mais en même tems avec tout le zele que
lui inſpiroit l'intérêt du Domaine, l'a-
mour de ſon devoir & de l'ordre public,
combien ces Commiſſions ſont contraires
à toutes ces choſes ; mais à qui peut-il
être comptable de ſon inaction ? au Roi
ſeul, à qui il n'héſitera pas d'en demander
grace ; & ſi juſqu'ici l'amour de la paix,
& l'eſpérance de voir revenir les choſes
par elles-mêmes dans leur ordre naturel
ont dû lui ſervir d'excuſe, aujourd'hui que
ces Commiſſions toujours clandeſtinement
obtenues, ont multiplié l'abus au point

qu'on en emploie le nombre pour anéantir la regle, son silence seroit toujours un crime, jusqu'à ce qu'il eût employé toutes les voies que Sa Majesté a mis dans ses mains pour y remédier.

D'ailleurs, les Tresoriers de France ont donné eux-mêmes dans leurs Mémoires des preuves assez suivies de la reclamation des Parlemens contre toutes ces Commissions, lorsqu'ils ont rapporté les differens procès du Parlement de Toulouse, de celui de Rouen, & de Besançon ; ils pouvoient y joindre encore ce qui s'est passé au Parlement de Bretagne au sujet d'une Commission à peu près semblable à celle de 1752. Le Parlement ne voulut jamais la reconnoître, quoique formée dans son propre sein : à la fin il obtint justice, & il conserva son droit de Ressort.

Comme le droit public est le même par tout, la Jurisdiction des Parlemens à qui il appartient de le défendre, est elle-même indivisible malgré la division des ressorts : ainsi la reclamation de ceux dont on vient de parler, sert pour le passé à celui de Bordeaux, comme son instance sert aujourd'hui à tous ceux du Royaume, & conserve leur droit de reclamation pour l'avenir contre de pareilles Commissions.

CINQUIEME OBJECTION

Des Tresoriers de France.

Le Parlement a fait de vains efforts pour prouver que la Jurisdiction du Domaine appartenoit anciennement aux Sénéchaux : les anciens Edits qu'il cite, établissent que les Sénéchaux n'avoient d'autres fonctions que celles de Receveurs : s'ils ont eu part quelquefois à la Jurisdiction, ce ne fut jamais que par Commission, & comme par accident : les seuls Tresoriers de France avoient la Jurisdiction essentielle.

RÉPONSE DU PARLEMENT.

Voici un exemple de subtilité qui ne fait pas honneur aux Tresoriers de France; ils ont dû voir dans les Mémoires du Parlement, en conformité des anciens Edits, que les Sénéchaux qui dans les premiers tems avoient la Jurisdiction sur le Domaine, en avoient aussi la direction & la recette : ainsi, que leur sert de prouver ce dernier point ? Ce n'est pas là ce dont il s'agit : il faut qu'ils prouvent qu'ils n'en avoient pas la Jurisdiction. Car s'ils l'avoient, d'un côté elle appartenoit incontestablement au Parlement par voie de ressort, & de l'autre, il demeure prouvé que les Tresoriers de France ne l'avoient pas,

& qu'ils n'avoient même la direction du Domaine que très - imparfaitement , & tout au plus par concours avec les Séné- chaux ; sur quoi le Parlement les renvoie à son second Mémoire & à la Table Chro- nologique qui en fait le complément.

SIXIEME OBJECTION

Des Tresoriers de France.

Le Parlement cite sans cesse cette an- cienne maxime , *qu'il n'est pas de l'intérêt du Domaine d'être jugé par des Commis- sions* , qu'il accrédite du témoignage de Chopin : où est donc cette doctrine ? Chopin n'a jamais tenu ce propos, il dit seulement que les procès du Domaine doi- vent être jugés au Parlement à l'ordi- naire aux grands jours d'audiance , & non par Commissaires aux aprèsdinées des Chambres.

RÉPONSE DU PARLEMENT.

Depuis long-tems le Parlement a resolu de mepriser le ton haut des Tresoriers de France , aussi-bien que l'indécence de ses expressions : mais où est donc leur triom- phe sur l'équivoque application d'un mot d'un Auteur. Resumons sa doctrine. Le Parlement consentira à être jugé suivant ses principes.

Anciennement (*a*), dit-il, le Parlement de Paris connoissoit de tout le Domaine de France. *Lutetianus quondam Senatus peculiariter jus dixit de universo Gallicæ Reipublicæ patrimonio.* Il cite (*b*) l'Ordonnance du Roi Jean de 1363, & de Charles VII de 1453, selon lesquelles la propriété du Domaine devoit être directement traitée au Parlement : *Item causæ proprietatem nostram tangentes*, &c. C'est sur ce principe que Louis (*c*) Hutin avoit rappellé précedemment de l'Echiquier de Normandie toutes les causes Domaniales de cette Province à son Parlement par une Chartre de l'an 1314 ; & il étoit bien digne de la Majesté Royale (*d*), que tout ce qui pouvoit tendre à l'aliénation du Domaine ne fût agité que dans ce premier Tribunal. De là, la necessité toujours reconnue des enregistremens des actes qui y ont rapport.

Chopin cite ensuite l'exemple (*e*) des Empereurs Romains & de ceux d'Allemagne, ainsi que de tous les Princes voisins

(*a*) *De Domanio*, liv. II, tit. XV, p. 386.

(*b*) Tout concourt à faire penser que dès le tems de l'établissement des Sénéchaux, ils connoissoient du possessoire & de la propriété du Domaine, sauf l'appel au Parlement ; mais dès le regne de Louis Hutin les questions concernant la propriété, étoient portées directement au Parlement, & c'est du second tems que Chopin parle ici.

(*c*) Ibid., p. 396.

(*d*) Ibid., pag. 387 & 395.

(*e*) Ibid., pag. 386 & 396.

e la France, qui tous faiſoient juger les
auſes de leur Domaine par leur premiere
Cour.

Tel étoit donc, ſelon cet Auteur, l'ancien droit public du Royaume, que le Parlement étoit le vrai juge Souverain de la
propriété du Domaine du Roi. Cette tradition ſert à concilier les anciens Edits,
& à détruire la paraphraſe des Treſoriers
de France ſur l'Ordonnance du même Louis
Hutin de 1315, qui borne la connoiſſance
du Sénéchal de Toulouſe au ſimple poſſeſſoire du Domaine, & à ne juger du fonds
en dernier reſſort que juſqu'à concurrence
de vingt livres tournois. Ce privilege ne
tomboit point, comme le diſent les Treſoriers de France, ſur le ſimple poſſeſſoire,
mais ſur le droit de juger en dernier reſſort de cette portion de la propriété ; il
ne faut pour s'en convaincre, que la lecture
de l'Edit. Il ne faut pas non plus beaucoup
de peine pour trouver qu'ils étoient alors
les Juges naturels de la propriété, ni recourir par neceſſité aux Treſoriers de France. C'étoit le Parlement de Paris qui, dans
ce tems-là, en connoiſſoit en premiere &
derniere inſtance.

Lorſque le Royaume de France ſe trouva plus étendu par la réunion des grands
Fiefs de la Couronne, & par les conquêtes
de nos Rois, la Juriſdiction du Parlement
de Paris fut inſuffiſante. Elle fut diviſée
par Reſſorts entre les Parlemens des Pro-

vinces , & la communication s'en fit foli-
dairement & dans toute fon intégrité. Ils
connurent des caufes du Domaine, & c'eft
encore ce que Chopin attefte en ces termes (*a*) : *Jam dudum aliæ curiæ fummæ eam-
dem fibi arrogarunt facri Dominii cognitionem.*
Ce qu'il confirme par un Arrêt du Parlement de Touloufe de l'an 1490 (*b*) ; rendu
fur le don d'une terre Domaniale de l'an
1447.

On ne trouve pas précifément l'époque
à laquelle la propriété du Domaine fut
foumife une feconde fois à une double
inftance. Tout ce qu'on trouve, quoiqu'en
difent les Treforiers de France, c'eft que
dès que la premiere fut retablie, elle ap-
partint aux Sénéchaux, & qu'ils en joui-
rent jufqu'en l'année 1627, fous la referve de l'appel au Parlement. La table Chro-
nologique qui eft à la fin du fecond Memoire en fait la preuve.

Chopin (*c*) n'oublie pas de parler de
l'établiffement fait par François I en 1543
de la Chambre du Domaine, par où ce
Prince avoit voulu en rappeller la connoiffance au Parlement de Paris comme avant
la diftinction des Parlemens par Reffort :
mais il ne diffimule pas, comme les Tre-

(*a*) Ibid. , pag. 397.
(*b*) Cet Arrêt de 1490 eft précifément l'époque
des Treforiers de Juftice, ce qui prouve que l'établiffement que Charles VI en avoit fait ne fut jamais
ni reconnu ni autorifé.
(*c*) Ibid. , pag. 386 & 397.

soriers de France, l'Edit de 1445 qui sup-
prima cet établissement, en rendant à
chaque Parlement dans l'étendue de ses limites cette Jurisdiction primitive & ina-
liable qui lui appartenoit. Il cite les Art.
XVII, XVIII & XIX de l'Ordonnance de
Moulins qui la confirment.

Il parle ensuite (*a*) du droit des habitans
de Mousson, de n'être jugés par d'autres
Juges que les leurs mêmes en dernier Ressort. Il dit que cette concession ne devoit
pas avoir lieu contre le Roi même, qui ne
l'avoit accordée à l'effet qu'elle s'étendit
jusques sur son Domaine, dont le privilege est de n'être jugé définitivement qu'au
Parlement.

Chopin (*b*) finit sa Dissertation par ces
termes : *quin etiam perpetuum constansque
est Domanii actioma forense illud, ipsum à
delectis è Senatorio cætu quibusdam dijudi-
cari non debere, sed ordinario solum civilique
more judiciorum.*

Il ajoute qu'il a vu une Requête Civile
prise par le Procureur-Général, contre un
Arrêt rendu en matiere de Domaine, uniquement fondé, sur ce qu'il avoit été rendu par des Commissaires de la Cour *Ex-
traordinem.*

Il rappelle Enfin cet autre privilege du
Domaine, de ne pouvoir être évoqué d'un

(*a*) Ibid., pag. 397.
(*b*) Ibid., pag. 398.

Parlement à un autre, même dans le cas où le Procureur-Général seroit seulement Adjoint ou Intervenant ; desorte que le seul interêt du Domaine peut faire cesser une évocation qui eût pu être de droit entre les principales Parties ; ce qu'il confirme par un Arrêt du Conseil Privé, du 16 Octobre 1585.

Voilà le droit public du Royaume ; voilà en particulier la doctrine de Chopin. Qu'on juge maintenant si le Parlement n'a pas eu raison de dire d'après lui, qu'*il n'est pas de l'interêt du Domaine d'être jugé par des Commissaires :* & supposant ce qu'il a établi, que le Parlement est le seul à qui la connoissance en appartienne, qu'on juge si ce que cet Auteur pourroit n'avoir dit que d'un cercle de Commissaires du Parlement, & d'un cercle toujours formé des plus anciens Magistrats, n'a pas lieu en bien plus fort termes pour les cas de Commissaires étrangers au Parlement, de Commissaires qui lui sont inférieurs en tout ordre de Jurisdiction, qui n'ont pas même dans le lieu de leur assise, l'extérieur des Juges, ce dont Chopin n'eut pas manqué de dire ce qu'il dit des Officiers de Mousson, incapables malgré l'universalité de leurs privileges, de juger le Domaine du Roi en dernier ressort : *Semi Paganos judices.* Il parloit d'un Tribunal, qui en toute autre chose avoit le titre de reconnu, & les attributs de Cour Souve-

raíne (*a*); qu'eut-il dit d'Officiers qui par
état font difpenfés d'avoir des grades.

Septieme Objection

Des Treforiers de France.

Le Parlement objecte aux Treforiers de
France qu'ils ne font pas gradués. 1°. Ils
en ont les titres. 2°. Quand ils ne le feroient pas, ce défaut ne feroit pas un obf-
tacle à la Jurifdiction Souveraine. Les
Chambres des Comptes jugent Souverai-
nement fans en avoir befoin ; & quoiqu'elles ne foient pas précifément établies
pour la contention, il furvient toujours
à leurs fonctions des incidens qui exigent
des Loix & des principes. Il n'y a fur-tout
rien à répondre fur celles de Dôle , Rouen
& Montpelier qui connoiffent fans grades
du Domaine en dernier Reffort. Enfin les
Treforiers de France par l'Edit de 1627
ont été établis feuls Juges du Domaine en
premiere inftance. Doit-on croire que le
Roi eût eu moins d'attention pour le premier degré de Jurifdiction que pour le
dernier ? c'eft au contraire le premier
qui engage les Parties & qui tire le plus à
conféquence pour leur interêt.

Ils ajoutent toujours avec la même
hauteur , eft-il une diverfité de principes

(*a*) Ibid. , pag. 397.

pour chaque degré de Jurisdiction ? Est-il quelque différence à faire entre les premiers Juges & ceux de l'appel pour la necessité des grades ?

RÉPONSE DU PARLEMENT.

Le Parlement a déja dit dans ses Memoires que le droit public considere moins les personnes des Treforiers que leur institution & leur état ; si cet état les dispense de grades, ces grades étant nécessaires pour juger le Domaine du Roi en dernier ressort, ainsi qu'on l'a précedemment démontré, il est d'une conséquence absolue, qu'ils sont incapables de cette Jurisdiction.

On a répondu plus haut à ce qui regarde la Chambre des Comptes de Dôle, de Rouen & de Montpelier. Pour ce qui est de l'exemple des Chambres des Comptes en général, il ne prouve rien ici, & les Treforiers de France en ont eux-mêmes indiqué la raison ; c'est qu'elles ne connoissent point de la contention qu'elles font toujours obligées de renvoyer à d'autres Juges ; tout se passe chez elles en vérifications, en liquidations de comptes & en calculs : ainsi le Parlement ne prétend point que la simple direction du Domaine ne puisse appartenir aux Treforiers de France, quoique non gradués ; mais il soutient que le défaut de grades les rend incapables

capables de toute Jurifdiction contentieufe. S'ils connoiffent du Domaine & de la
Voirie en premiere inftance depuis l'Edit
de 1627, c'eft à l'autorité de l'Edit qu'ils
en font redevables & aux neceffités de l'E-
tat, qui firent alors taire le droit public;
mais quand leur ambition les portera à
vouloir en connoître fouverainement, le
droit public reprendra fon cri, & fa voix
furmontant toutes leurs intrigues, fe fera
reconnoître.

On eft étonné, & on le fera toujours,
d'avoir à répondre, on ne dit pas à des
Juges qui ont une vocation fi marquée
pour la Souveraineté, mais à des fimples
Juges pedanées qui ofent demander où eft
l'Ordonnance qui diftingue, par rapport
à la neceffité des grades, les premiers Juges d'avec les Juges d'appel ou en dernier
reffort. Les Treforiers de France ont-ils
répondu au Parlement fans avoir lu fes
Memoires ? Et s'ils les ont lus, ils doivent y avoir appris que cette diftinction
eft faite par l'Ordonnance de Louis XII
du mois de Mars 1498, Art. XLVIII; par
l'Art. XIX de l'Edit de 1679, & par la Déclaration du 26 Janvier 1680. Ces Ordonnances déclarent incapables de toute Jurifdiction qui reffortit immédiatement au
Parlement (& c'eft ce qui en fait fentir
l'importance) ceux qui n'auront pas pris
des grades avec les conditions qu'elles
preferivent, & même ceux qui n'auront

E

pas été reçus & inscrits dans la matricule des Avocats. Les seuls Juges des Seigneurs, & autres dont les Sentences sont soumises à l'examen successif de deux Tribunaux, en sont exempts.

Tous ces degrés de Jurisdiction sont importans ; on en convient, & il seroit bien à souhaiter que tous les premiers Juges eussent la science des Loix ; mais la confiance des Peuples qui manque par défaut de grades à ces derniers dont on vient de parler, est reparée par le double Ressort qui sera en état de corriger leur erreur. Ils connoissent par tout les matieres les plus ardues, & la date de leur Juridiction, quoique Subalterne, n'est pas comme celle des Tresoriers de France seulement de vingt ans, il y en a dont l'origine remonte à bien des siecles : diroit-on qu'il n'y eût pas d'inconvénient à en faire aujourd'hui des Juges Souverains, quoique par état ils soient dispensés d'être gradués ?

On en a dit assez dans le second Memoire du Parlement sur l'espèce des grades dont la plupart des Tresoriers de France sont porteurs ; ce qu'il y a de certain, c'est que plusieurs n'ont pas prêté le serment d'Avocat au Parlement de Bordeaux, où le ministere public est chargé d'examiner la forme des grades, & de veiller aux fraudes que la venalité n'a que trop introduit dans cette matiere comme dans toute autre.

Tout le surplus des deux volumes des Tresoriers de France est employé à relever l'Etat & l'importance de ces Officiers, à prouver leur prétendue subrogation aux anciens Tresoriers, auxquels M. le Bret, Loiseau & nos meilleurs Maîtres ne donnent d'autres Successeurs que le Sur-Intendant ou Controlleur Général, & les Intendans des Finances. Ils rappellent sans cesse leur association aux Cours Souveraines, & la prééminence de leur Jurisdiction. Ceux qui ont lu les Memoires du Parlement ont vu d'avance ses réponses, & les regles sur lesquelles on doit apprécier, & les Juges & la Jurisdiction.

Tout ce que le Parlement demande, c'est qu'on life avec attention les deux ouvrages de ces Officiers, & qu'on juge sans prévention, si c'est une attribution momentanée qu'ils défendent, & si ce n'est pas plutôt ce fonds même de la Jurisdiction Souveraine du Domaine dont ils cherchent à se mettre en possession sous prétexte d'une Commission extraordinaire, comme d'un patrimoine qui leur appartient, & dont ils supposent avoir été injustement dépouillés par le Parlement : c'est à cet objet unique que se rapportent toutes leurs vues, tous leurs soins, toutes leurs recherches.

Le Parlement a donc eu raison de dire à la fin de son troisieme Memoire, que le véritable objet de ce procès n'est point le

Terrier du Domaine du Roi, & l'intérêt de son accélération ; c'est l'état des Parlemens qu'on veut compromettre, c'est le premier ordre des Jurisdictions qu'on veut renverser, c'est le droit public du Royaume qu'on veut anéantir, c'est la législation elle-même qu'on veut détruire.

HUITIEME OBJECTION

Des Tresoriers de France.

Qu'importe au Parlement que le droit de Ressort soit attribué aux Tresoriers de France ? Il est à cet égard sans intérêt. Car si l'attribution ne subsiste pas dans son entier, l'appel est dévolu de droit au Conseil. Tel est l'usage & le droit commun en matiere de Commissions : & à cet égard le Conseil connoit sa Jurisprudence. Il est étonnant que le Parlement entreprenne de la lui contester. L'Arrêt de M. Hanapier & celui rendu au rapport de M. Dauriac ont été desavoués par plus de vingt autres.

RÉPONSE DU PARLEMENT.

Quelque respect qu'on ait pour les jugemens du Conseil, il n'en est pas moins vrai que ce n'est pas sa Jurisprudence qui peut détruire les Loix du Royaume, & changer l'ordre des Ressorts des Jurisdictions que le droit public a établi. Le Conseil n'a jamais prétendu avoir le pouvoir législatif, c'est au Roi seul qu'il appartient personnellement; il est incommunicable.

Lors donc que le Conseil rend des Arrêts contraires, il doit être permis de les confronter avec les regles dont il reconnoit la supériorité, & alors un seul de ces Arrêts qui y est conforme doit l'emporter sur mille qui y dérogent.

Au reste la question des appels au Conseil a été si approfondie dans les Memoires du Parlement, qu'on peut y renvoyer le Lecteur avec d'autant plus de confiance que les Tresoriers de France n'ont osé combattre directement aucun des principes qu'on y a établi.

Ils ont sur-tout laissé sans réponse, la distinction qu'on a faite entre les Commissions extraordinaires que le Conseil adresse quelquefois aux Intendans dans les Provinces pour des choses qui ne sont pas dans les termes d'un ordre reglé de Jurisdiction, & les Commissions qui ont un rapport necessaire avec cet ordre. Au premier cas, que le Conseil se reserve de connoître de l'exécution par une suite du compte que le Commis doit au Commettant, cela peut être, sans que l'ordre des Jurisdictions en souffre. Mais au second cas, cette reserve détruit cet ordre, elle confond tout dans la sage œconomie que les Loix ont introduite pour les jugemens, elle déconcerte, elle anéantit la confiance des Parties, elle les jette par l'éloignement & la lenteur inséparable des occupations des Juges devant qui on les appelle, surtout par l'épuisement qu'elle leur cause ou dans l'impossibilité de demander justice, ou dans le désespoir de pouvoir l'obtenir.

D'ailleurs on demande aux Tresoriers de France qu'elle est la forme de rendre les jugemens sur les appels au Conseil en matiere de Domaine ; car on n'y connoit point de partie publique qui y soit en titre d'office chargée de le défendre.

Non-seulement il faut dans les causes du Domaine, comme dans toutes les autres affaires publiques, des conclusions du Procureur-Général ; mais il y a encore par les Ordonnances ce privilege spécial, que cet Officier doit être appellé pour être lui-même présent à la discussion du procès & au jugement. Cette présence qui ne peut être supplée sur les lieux ni par ses requêtes, ni par une instruction suivie avec lui, le seroit-elle par des Memoires que le Procureur du Roi de la Commission enverra de deux cens lieues ? Ou bien ce Procureur du Roi suivra-t-il le procès au Conseil, pour y faire une seconde fois la fonction de partie publique ? Y auroit-il entrée ? Y prendroit-il séance ? Assisteroit-il au jugement ? Il en faut beaucoup moins au sieur Comarieu pour lui faire prendre le titre insolite de Procureur-Général aux Conseils du Roi ; & autant qu'il y a de

Procureurs du Roi dans les Bureaux des Finances, autant de Procureurs-Généraux au Conseil.

Concluons de toutes ces chofes que le moindre des inconvéniens des Commiffions dont l'appel feroit refervé au Conseil, feroit que le Domaine ne pourroit y être défendu comme il doit l'être, & que fi cet appel au Confeil étoit une fuite néceffaire des Commiffions, ce feroit une nouvelle raifon qui viendroit à l'appui de cette ancienne maxime : *qu'il n'eft pas de l'intérêt du Domaine d'être jugé par des Commiffions.*

Il eft inutile de faire ici un article féparé de ce qui fe paffa en 1713 à l'occafion de la publication de la paix d'Utrecht. Sur le bruit que les Treforiers de France vouloient tirer avantage de cette époque, le Parlement fe hâta d'y répondre d'avance dans fon troifieme Memoire (a) : on ne peut mieux faire que d'y renvoyer le Lecteur.

(a) *Vid.*, pag. 38.

ARRET

De la Cour de Parlement , du 7 Août 1754.

Extrait des Regiſtres du Parlement.

CE jour le Procureur-Général du Roi eſt entré & a dit , qu'il a été averti & certioré par preuves écrites , que le ſieur Comarieu ſon Subſtitut au Bureau des Treſoriers de France de la préſente Ville , au lieu de ſe conformer aux termes , tant de l'Edit de création de ſon Office , que des proviſions qu'il en a obtenues de Sa Majeſté , qui lui donnent ſimplement la qualité de Procureur du Roi , entreprend de s'arroger celle de Procureur-Général du Roi au Bureau des Finances , Domaine & Voirie de Guienne , comme il paroit par les copies de trois Exploits que cet Officier a fait donner le 18 du mois de Mai dernier par Tondu de la Grange Huiſſier audit Bureau , à pluſieurs particuliers habitans de Bordeaux y dénommés ; & d'autant que cette entrepriſe eſt non-ſeulement une uſurpation hazardée au préjudice des Magiſtrats auxquels ſeuls Sa Majeſté a bien voulu attribuer cette qualité , mais de plus un attentat commis à l'autorité Royale , à la-

quelle feule il appartient de départir &
d'attacher à fes Officiers, & aux Offices
dont il lui plait de les pourvoir, les titres,
qualités & diftinctions dont elle veut bien
les honorer, le Procureur-Général du
Roi a requis, vu lefdits trois Exploits, être
ordonné que ladite qualité de Procureur-
Général du Roi au Bureau des Finances,
Domaine & Voirie de Guienne en demeurera fupprimée, ainfi que dans tous autres
Actes & Exploits, où ledit fieur Comarieu
pourroit l'avoir prife; inhibitions & défenfes lui être faites de la prendre à l'a-
venir, & lui être enjoint de fe conformer
à celle portée par l'Edit de création & les
provifions de fon Office, à telle peine
que de droit, *figné*, DUVIGIER. La Cour
faifant droit de la requifition du Procureur-Général du Roi, ordonne que la qualité du Procureur-Général du Roi au Bureau des Finances, Domaine & Voirie de
Guienne, prife par le Procureur du Roi du
Domaine dans trois Exploits donnés à fa
Requête le 18 Mai dernier, demeurera fupprimée, ainfi que dans tous autres Actes
& Exploits où il pourroit l'avoir prife,
lui fait inhibitions & défenfes de la prendre à l'avenir; lui enjoint de fe conformer à celle portée par l'Edit de création,
& les provifions de fon Office, à telle peine
que de droit. Fait à Bordeaux en Parlement
le 7 Août 1754.

M. LE BERTHON premier Préfident.

E v

ARRET

*Du Conseil d'Etat du Roi, du 16 Sep-
tembre 1754.*

Extrait des Registres du Conseil d'Etat.

LE Roi s'étant fait représenter en son Conseil ses Lettres Patentes du 15 Août 1752,
par lesquelles Sa Majesté a commis le sieur
de Tourny Conseiller d'Etat, Intendant
en la Généralité de Guienne, & les Officiers du Bureau des Finances de la même
Généralité, pour proceder à la confection
du Terrier de ses Domaines de ladite Généralité; les différens Mémoires présentés
à Sa Majesté par le Parlement de Bordeaux
en opposition auxdites Lettres, ensemble
les Mémoires en réponse remis par les Officiers du Bureau des Finances de Bordeaux,
& Sa Majesté voulant faire cesser des con-
tradictions aussi contraires au bien général
de son service que préjudiciables à l'interêt
& à la conservation de ses Domaines;
Ouï le rapport du sieur Moreau de Sechelles Conseiller d'Etat ordinaire, & au
Conseil Royal, Controlleur Géneral des
Finances, le Roi étant en son Conseil,
sans s'arrêter auxdites représentations du
Parlement de Bordeaux, a ordonné & or-

donne que les susdites Lettres-Patentes du
15 Août 1752 seront exécutées selon leur
forme & teneur ; enjoint Sa Majesté aux
Commissaires par elle délégués de proceder sans retardement à la confection du
Terrier ordonné par lesdites Lettres , & ce
conformément à ce qui est prescrit par
icelles ; fait défenses audit Parlement de
Bordeaux , & à toutes ses Cours & Juges
de les troubler dans leur Commission sous
quelque prétexte que ce puisse être. Fait
au Conseil d'Etat du Roi , Sa Majesté y
étant. Tenu à Versailles le 16 Septembre
1755 , *signé* , PHELIPEAUX.

LOUIS par la grace de Dieu Roi de
France & de Navarre , à notre premier
Huissier ou Sergent sur ce requis , nous te
mandons & commandons par les présentes
signées de notre main , que l'Arrêt dont
l'extrait est ci-attaché sous le contre-scel
de notre Chancellerie , ce jourd'hui rendu
en notre Conseil, nous y étant, pour les causes y contenues , tu signifies à tous ceux
qu'il appartiendra , à ce que personne n'en
ignore ; & faits en outre pour son entiere
exécution tous actes & exploits nécessaires
sans autre permission : car tel est notre
plaisir. Donné à Versailles le 16 Septembre l'an de grace 1755 , & de notre Regne
le quarante-unieme ; *signé* , LOUIS : par
le Roi, PHELIPEAUX.

ARRET

De la Cour de Parlement, du 13 Novembre 1755.

Extrait des Regiſtres de Parlement.

CE jour, le Procureur-Général du Roi a remis ſur le Bureau une ſignification à lui faite d'un Arrêt du Conſeil des Finances, en date du 16 Septembre dernier, portant que les Lettres-Patentes du 15 Août 1752, pour la confection en dernier reſſort du Papier Terrier du Domaine du Roi dans la Généralité de Guienne, ſeront exécutées ſuivant leur forme & teneur.

Surquoi, eue délibération, la Cour a ordonné & ordonne qu'il ſera fait inceſſamment de très-humbles & très-reſpectueuſes Remontrances audit Seigneur Roi, ſur les articles qui ſeront ci-après arrêtés.

Et néanmoins, pour prevenir les déſordres que la ſurpriſe faite audit Seigneur Roi par les Officiers du Bureau des Finances pourroient occaſionner dans l'ordre public, ladite Cour a caſſé & caſſe toutes les procedures qui pourroient avoir été faites, ou qui pourroient l'être à l'avenir devant la Commiſſion portée par leſdites

Lettres Patentes, tant sur les contestations qui peuvent interesser directement le Domaine de Sa Majesté, que sur celles qui pourroient être regardées comme incidentes ou connexes à cet objet.

Fait très-expresses inhibitions & défenses ladite Cour, à Comarien Substitut dudit Procureur-Général du Roi au Bureau du Domaine, de requerir aucunes Ordonnances devant ladite Commission en matiere contentieuse, à tous Procureurs d'y postuler, à tous Huissiers d'y faire aucuns exploits ou significations, à peine de nullité desdits actes, ordonnances, postulations ou requisitions, mille livres d'amende, interdiction, & autre plus grande peine, si le cas y échoit.

Fait défenses à tous Sénéchaux & à tous autres Juges de son Ressort, de se desaisir d'aucunes instances ou contestations pendantes en leur Siege, non interessant directement ledit Domaine du Roi, sous prétexte d'incidence ou connexité. En conséquence ladite Cour a déchargé & décharge tous Vassaux & Censitaires dudit Domaine, de tous exploits & autres actes à eux faits devant ladite Commission, en matiere contentieuse ; leur défend de reconnoître dans les contestations qui interesseront directement le Domaine du Roi, d'autre Juge que le Bureau dudit Domaine, sauf l'appel en la Cour.

Et attendu que l'intention de Sa Majesté

eſt que le Terrier de ſes Domaines ſoit inceſſamment renouvellé, ladite Cour fait
très-expreſſes injonctions audit Comarieu
de faire inceſſamment & ſans délai toutes
les pourſuites & diligences néceſſaires pour
le renouvellement dudit Papier Terrier,
& aux Officiers du Bureau dudit Domaine
de vacquer à l'inſtruction & jugement de
toutes les inſtances mûes & à mouvoir
pour raiſon dudit Papier Terrier, ſauf
l'appel en la Cour : ordonne en outre ladite Cour, que ledit Arrêt ſera ſignifié à la
requête du Procureur-Général du Roi, audit Comarieu ſon Subſtitut audit Bureau
du Domaine, afin qu'il ne l'ignore, &
qu'il ait à y obéir ; & que copies collationnées d'icelui ſeront envoyées à tous
les Baillifs & Sénéchaux du Reſſort de la
Cour, pour y être lues, publiées & enre-
giſtrées ; enjoint aux Subſtituts du Procureur-Général du Roi d'en certifier la Cour
dans le mois, ainſi que de toutes les contraventions qui pourroient y être faites.
Fait à Bordeaux en Parlement, toutes les
Chambres aſſemblées, le 13 Novembre
1755. Monſieur LE BERTHON, premi.r
Préſident. Collationné. Signé, BARRET,
Greffier.

LOUIS par la grace de Dieu, Roi de
France & de Navarre, Au premier notre
Huiſſier ou Sergent ſur ce requis, à la re-
quête de notre Procureur-Général en no-

tre Cour de Parlement de Bordeaux, te mandons signifier l'Arrêt de notredite Cour en date du 13 du courant, dont l'extrait est ci-attaché sous le contre-scel de notre Chancellerie, aux dénommés audit Arrêt, & à tous autres qu'il appartiendra, & dont seras requis; aux fins qu'ils ne l'ignorent, & aient à y obéir de point en point suivant sa forme & teneur; pour raison de quoi, & de l'entiere exécution dadit Arrêt & des présentes, fais tous exploits, significations, lectures, publications, & autres actes à ce requis & nécessaires; de ce faire te donnons pouvoir. Donné à Bordeaux en notredit Parlement le 15 du mois de Novembre l'an de grace 1755, & de notre regne le quarantieme. Par la Chambre. Collationné. *Signé*, DUMAS.

ARRETÉ

Du Parlement de Bordeaux, du 13 Novembre 1755.

CE jour, en conséquence de l'Arrêt qui vient d'être rendu, qui ordonne qu'il sera fait au Roi de très-humbles & très-respectueuses Remontrances au sujet de l'Arrêt rendu en son Conseil des Finances le 16 Septembre dernier, (portant que les

Lettres-Patentes du 16 Août 1752 pour la confection en dernier Ressort du Papier Terrier du Domaine du Roi dans la Généralité de Guienne, seront exécutées suivant leur forme & teneur,) La Cour, toutes les Chambres assemblées, a arrêté que lesdites Remontrances porteront principalement sur les Articles suivans.

I. Il sera rendu audit Seigneur Roi un compte succinct & fidele, de la conduite que son Parlement a tenue depuis que lesdites Lettres Patentes sont venues à sa connoissance; & dans ce détail on insistera principalement sur toutes les démarches qu'il a faites pour obtenir que sa réclamation contre lesdites Lettres Patentes fût renvoyée à un Bureau de législation, conformément à ce qui s'est pratiqué dans tous les tems pour les affaires qui interessent les Loix du Royaume, l'ordre public des Jurisdictions, & le respect dû aux constitutions de l'Etat sur le fait de la Justice.

II. Il sera fait des plaintes amères audit Seigneur Roi, de la surprise faite à son Conseil, pour empêcher l'effet des Memoires de son Parlement, en supposant que son intention a été de s'opposer au renouvellement du Papier Terrier de Sa Majesté, & de contester audit Seigneur Roi la liberté de commettre pour cette opération telles personnes qu'il lui plait de choisir.

III. Il fera repréfenté audit Seigneur Roi, que la Jurifdiction contentieufe du Domaine appartient effentiellement par les Loix de l'Etat, à fes Cours de Parlemens, qu'elle ne peut leur être ôtée, & que l'exercice de cette Jurifdiction ne doit pas être fufpendu, même pour un tems limité.

IV. Que l'obtention des Lettres Patentes de 1752 n'eft qu'une voie indirecte employée par les Treforiers de France pour ufurper une Jurifdiction dont ils font incapables par état.

V. Que le droit public du Royaume, dont l'ordre des Jurifdictions fait une des principales parties, eft effentiellement immuable, & qu'on ne peut y donner la plus legere atteinte fans expofer aux plus grands dangers les droits même de la Couronne les plus précieux.

VI. Que les exemples des Commiffions précédentes, dont les Treforiers de France fe font fervis pour obtenir celle de 1752, ne peuvent donner aucune atteinte au droit public, ni fervir de préjugé, & qu'au contraire le mauvais effet qu'elles ont produit, ne fert qu'à fortifier cette ancienne maxime : *qu'il n'eft pas de l'interêt du Domaine d'être jugé par des Commiffions.*

VII. Il fera repréfenté audit Seigneur Roi, que fes volontés ne doivent ni ne peuvent être connues de fon Parlement, qu'autant qu'elles lui sont directement adressées, revêtues des formes anciennes & autentiques de son autorité, qui seules peuvent les caractériser ; & que la signification faite en la personne de son Procureur Général de l'Arrêt du Conseil du 16 Septembre dernier, est une voie inusitée que son Parlement auroit pu méconnoître, si l'intérêt de S. M. & celui de ses Sujets ne l'eussent engagé à ne pas suspendre plus longtems ses très humbles représentations.

ARRÊT
Du Conseil d'Etat du Roi,

Du 25 Novembre 1755.

Extrait des Registres du Conseil d'Etat.

Veu au Conseil d'Etat du Roi, l'Arrêt rendu en icelui le 16 Septembre 1755, sur les représentations faites par le Parlement de Bordeaux concernant les Lettres Patentes du 15 Août 1752, qui ont commis le sieur de Tourny Conseiller d'Etat, Intendant de la Généralité de Bordeaux, & les Officiers du Bureau des Finances de la même Généralité pour procéder à la confection du Terrier des Domaines de ladite Généralité, par lequel Arrêt S. M. sans s'arrêter aux représentations du Parlement

de Bordeaux, a ordonné que lesdites Lettres Patentes du 15 Août 1752 seront exécutées selon leur forme & teneur ; Enjoint
aux Commissaires par elle délégués de procéder sans retardement à la confection du
Terrier ordonné par lesdites Lettres, &
fait défenses audit Parlement de Bordeaux
& à toutes ses Cours & Juges de les troubler dans leur commission : Vû aussi un
imprimé d'un Arrêt du Parlement de Bordeaux du 13 du présent mois de Novembre, par lequel il a été arrêté qu'il sera fait
incessamment à S. M. des Remontrances
sur ledit Arrêt du Conseil du 16 Septembre dernier ; & attendu les dispositions
contenues dans ledit Arrêt, attentatoires à
l'autorité de S. M., ouï le rapport du sieur
Moreau de Sechelles Conseiller d'Etat ordinaire & au Conseil Royal, Controlleur
Général des Finances, le Roi étant en son
Conseil, a cassé & annullé, casse & annulle
ledit Arrêt du Parlement de Bordeaux du
13 du présent mois de Novembre, & tout
ce qui s'en est ensuivi ou pourroit s'ensuivre ; lui fait Sa Majesté défenses de procéder à son exécution & d'en rendre de
semblables à l'avenir ; défend pareillement
S. M. à tous Vassaux, Censitaires & autres
d'y déférer sous peine de désobéissance.
Ordonne S. M. que lesdites Lettres Patentes du 15 Août 1752, & l'Arrêt de son
Conseil du 16 Septembre dernier, seront
exécutés selon leur forme & teneur ; & sera

le présent Arrêt imprimé, publié & affiché partout où besoin sera.

ORDONNANCE
DE LA COMMISSION,

Du 10 Décembre 1755, rendue après l'Arrêt du Conseil du 25 Novembre précédent.

De par le Roi.

LES Commissaires Généraux du Conseil députés par le Roi pour la confection en dernier ressort du Terrier de ses Domaines dans la Généralité de Bordeaux, par ses Lettres Patentes du 15 Août 1752. Sur ce qui a nous a été représenté par le Procureur Général de la Commission, que S. M. nous ayant enjoint par deux Arrêts, en date des 16 Septembre & 25 Novembre dernier, de procéder sans retardement à la confection du Terrier ordonné par ses Lettres Patentes du 15 Août 1752, il est indispensable de faire cesser l'inaction des Vassaux & des Censitaires, & de les rappeller aux devoirs dont ils sont tenus ; qu'il croit cependant convenable de faire précéder à des voies de droit & de rigueur que son ministere exigeroit de lui, un dernier avertissement qui leur fasse connoître l'o-

bligation où ils sont de satisfaire au plutôt aux intentions de S. M. , pourquoi nous
requéroit qu'il nous plût ordonner que
dans le mois pour dernier délai, & sans es-
pérance d'autre , tous Vassaux & Censitaires, sous la mouvance de S. M. dans l'étendue de la Généralité de Guyenne , satisferont, chacun en droit soi, aux devoirs dont
ils sont tenus par lesdites Lettres Patentes
& les reglemens par nous sur ce faits ; faute
de quoi & le délai passé, sera procédé contr'eux par saisie féodale & autres voies telles que de droit : au surplus ordonner que
l'Ordonnance par nous sur ce rendue , sera
lue , publiée & affichée en tous lieux où il
appartiendra. *Signé*, Comarieu Procureur
Général de la Commission.

Vû le Réquisitoire ,

Nous Commissaires Généraux susdits ,
en vertu du pouvoir à nous donné par S.
M. ordonnons que dans le mois pour tout
délai, tous Vassaux & Censitaires de S. M.
dans l'étendue de la Généralité de Guyenne
satisferont, chacun en droit soi , aux devoirs dont ils sont tenus aux termes desdites Lettres Patentes & des reglemens par
nous sur ce faits ; faute de quoi & ledit délai passé, sera procédé contr'eux par saisie
féodale & autres voies de droit , au surplus
ordonnons que la présente Ordonnance
sera lue , publiée & affichée en tous lieux
où il appartiendra. Fait en l'Assemblée des
susdits Commissaires tenue à Bordeaux en

la Chambre du Conseil du Bureau des Finances le 10 Décembre 1755. *Signés*, Aubert de Tourny, Courtieu, Chauvet, Delbos, de Laborde, Cholet, Latouche, Gau-
tier, Carthon, Mesmeur, Mercié, Pontet
de Perganson, Chantegrit & Peyronnet.
François Lafrance, *Collationné*.

Comme l'Arrêt du Conseil du 25 *Novembre qui cassoit celui du Parlement du* 13 *du
même mois, n'avoit point été signifié au Parlement, on n'en fit aucun état. L'Ordonnance
rendue le* 10 *Décembre suivant & affichée
avec affectation, ainsi que l'Arrêt du Conseil
du* 25 *Novembre, même sur les grands chemins à des poteaux placés exprès, engagea à
délibérer l'Arrêté du* 12 *Décembre, portant
qu'il seroit ajouté un article aux Remontrances délibérées le* 13 *Novembre,à raison de cet
Arrêt du Conseil & de cette Ordonnance.*

*On envoya aussi cette Ordonnance à M. le
Chancelier & à M. le Controlleur Général,
pour se plaindre de l'audace de Comarieu qui
continuoit de prendre la qualité de Procureur
Général, malgré l'Arrêt du Parlement qui lui
défendoit de la prendre. On estima plus avantageux de demander justice à ces deux Ministres que de se la faire soi-même. M. le Chancelier dans sa réponse à M. le Premier Président lui marqua qu'il avoit chargé M. de
Tourny de témoigner à Comarieu son mécontentement, & de tenir la main à ce qu'à l'avenir il ne s'avisât plus de se donner une pareille
qualification.*

T R E S - H U M B L E S

ET TRES - RESPECTUEUSES

REMONTRANCES,

Préfentées au Roi notre très-honoré & fou-
verain Seigneur, par les Gens tenans fa
Cour de Parlement de Bordeaux.

S I R E ,

La confiance la plus refpectueufe, fruit
naturel de votre amour pour les Loix, ra-
mene votre Parlement aux pieds de Votre
Majefté, toutes les fois qu'il eft obligé
d'en reclamer l'exécution. Nous vous devons, SIRE, la plus entiere & la plus
conftante fidélité; & rien ne doit être capable d'étouffer notre voix, lorfque pour
altérer l'intégrité du dépôt facré que vous
avez confié à notre garde, on ofe emprun-
ter votre nom & défendre par des furprifes
faites à votre Religion, des entreprifes
hazardées contre votre intérêt.

Le même titre qui nous a rendu les dé-
pofitaires du pouvoir que nous exerçons
fous votre autorité, nous a établi confer-
vateurs de votre Domaine : inaliénables

l'un & l'autre, l'un fait la sureté de votre Empire, l'autre en est la richesse ; tous deux sont sous la garde des Loix. Le plus saint de nos devoirs, la plus belle de nos prérogatives, fut toujours d'affermir les droits de votre Jurisdiction souveraine, & d'éterniser les ressources de votre Etat.

Avec quelle douleur votre Parlement a-t-il donc vu, Sire, des Lettres Patentes qui, en le dépouillant de l'un & de l'autre de ces avantages, semblent confier à des mains étrangeres, & la conservation de votre Domaine, & le dépôt des Loix armées pour sa défense ! La Commission de 1752 trouve dans le titre de son établissement, le pouvoir de juger en dernier ressort toutes les causes de votre Domaine, & toutes celles de vos Sujets qui peuvent y avoir quelque rapport ; c'est-à-dire, cette Jurisdiction éminente dont vos Parlemens ont toujours été en possession, & qu'ils ne peuvent abandonner sans trahir & leur serment, & l'intérêt de Votre Majesté.

A Dieu ne plaise, Sire, que votre Parlement puisse imaginer que notre fidélité vous ait été suspecte. Les auteurs de l'entreprise dont nous vous portons nos justes plaintes, loin d'accuser notre zele, en ont au contraire redouté les effets. Ils n'ont osé, Sire, demander à Votre Majesté qu'elle adressât à votre Parlement des Lettres Patentes qu'ils destinoient à intervertir l'ordre établi par les Loix.

I. Aussi

I. Auſſi la promulgation irréguliere de
ces Lettres , en manifeſtant la crainte
qu'inſpiroit notre vigilance , devint elle-
même une nouvelle preuve de leur obrep-
tion : ce fut au moment que nous finiſſions
nos ſéances , ce fut ſeulement le 6 Septembre 1753 qu'on les vit affichées dans
notre ville de Bordeaux , quoiqu'elles
ſoient datées du 15 Août 1752. Il ſem-
bloit que l'on attendît pour les faire paroître , que les Magiſtrats fuſſent réduits au
ſilence. On eut voulu étouffer , s'il eût
été poſſible , cette voix ſi puiſſante lorſqu'elle parle en votre nom , & qui lorſqu'on oſe abuſer de votre nom même ,
croit devoir ſe faire entendre juſqu'aux
pieds de votre Trône.

Qu'il nous ſoit permis de l'avouer ici ; ce
n'eſt Sire , qu'en réuniſſant les lumieres & le
courage de tous les membres de votre Parlement, que nous nous ſentons aſſez de force
pour réſiſter à des entrepriſes qui ſe couvrent
du voile de votre autorité. Notre fermeté
naît de la réflexion , & le premier mouvement de notre cœur nous porte toujours
à l'obéiſſance. Ce fut ce penchant ſi naturel qui détermina quelques - uns d'entre
nous , en trop petit nombre pour repréſenter la Compagnie , à demander que les
Officiers qui devoient compoſer la nouvelle Commiſſion , fuſſent choiſis dans
votre Parlement : foible tempérament qui
eût peut-être ſuffi , ſi l'intérêt particulier

F

pouvoit jamais confoler d'une plaie faite à
l'ordre public. Votre Parlement raffem-
blé, refufa d'y foufcrire ; & ceux mêmes
qui avoient cru pouvoir fe prêter à un ménagement dont ils n'avoient point envifa-
gé les conféquences, furent les premiers à
reconnoître que fi le devoir du Sujet l'entraîne toujours à la foumiffion, celui du
Magiftrat ne lui permet pas toujours la
condefcendance.

Il fut donc arrêté, Sire, qu'un Député
de votre Parlement viendroit préfenter à
Votre Majefté le vœu & la réclamation
d'une Compagnie trop attachée au bien de
votre Etat pour vous laiffer ignorer les
inconvéniens d'un nouveau Tribunal fou-
verain, qui avoit déja porté l'allarme dans
tous les ordres de la Province. Dans une
matiere qui intéreffoit effentiellement les
Loix publiques de votre Royaume, nous
crumes ne devoir nous adreffer qu'au Lé-
giflateur.

S'il ne s'agiffoit, Sire, dans les Lettres
Parentes de 1752, que d'un fyftême
d'adminiftration & d'œconomie ; fi en
laiffant fubfifter la Jurifdiction fouveraine
que vos Parlemens ont toujours exercée en
votre nom fur votre Domaine ; fi les Tréforiers de France ne revendiquoient aujourd'hui que le droit de faire procéder à
la confection du Terrier, ou de juger en
premiere inftance les conteftations auxquelles il peut donner lieu, notre zele

n'eût apperçu dans la nouvelle Commiffion rien qui ne fût conforme & au titre
d'inftitution de ces Officiers, & à la préro-
gative dont ils ont été revêtus par l'Edit
de 1627; & fi votre Parlement eût alors
prévu quelqu'abus que fa vigilance eût dû
faire remarquer à Votre Majefté, il n'eût
pas refufé de foumettre fes obfervations
à ces regles précieufes qui font mouvoir les
refforts de l'adminiftration générale & particuliere de vos Finances.

Mais, Sire, une réclamation qui a pour
objet, non de fimples opérations de direction, mais le danger d'un changement total dans l'ordre des Jurifdictions; des repréfentations par lefquelles nous appel-
lions à notre fecours la juftice de Votre
Majefté contre des entreprifes directement contraires aux Loix de votre Royaume & à la conftitution de votre Etat fur
le fait de la Juftice, nous ont paru ne pouvoir être examinées que fur les principes
invariables du droit public, fource unique
de ces reglemens immortels, l'honneur
de votre regne, & la félicité des peuples.

Votre Parlement n'ignore pas, Sire, que
par tout où fe trouve Votre Majefté, fe
trouve auffi le centre & la fource de la légiflation. Mais femblable à la Divinité,
qui ne fe manifefte pas par tous fes attributs à la fois, Votre Majefté diftingue les
fonctions de la Royauté: l'impulfion de
fon pouvoir eft unique, mais la lumiere

qui le guide, naît auſſi ſouvent du choix
que de la réunion des conſeils. De-là ces
deſtinations différentes de ces hommes
également utiles à l'Etat, qui, ſans parta-
ger votre pouvoir inaliénable, portent le
flambeau devant lui, & préparent les voies
à ſon action. De-là cette deſtination éclairée des talens proportionnés aux travaux
qui leur ſont deſtinés. Ici c'eſt un Pere
de famille qui veille à l'œconomie & à la
direction de ſes biens ; il ne conſulte que
des Adminiſtrateurs ſages & déſintéreſſés ;
là c'eſt un Légiſlateur, qui pour peſer les
avantages & balancer les inconvéniens, in-
terroge les Faſtes de la Monarchie, lit dans
les ſiecles futurs, appelle à ſon ſecours ces
hommes blanchis dans l'étude des Loix &
de l'Hiſtoire, & qui nés, pour ainſi dire,
dans le temple de la légiſlation, ont conſa-
cré leur vie à en recueillir les oracles.

C'eſt-là, Sire, que Votre Majeſté a toujours renvoyé la diſcuſſion des affaires qui
intéreſſent l'ordre public des Juriſdictions;
c'eſt-là que Votre Majeſté fait encore examiner aujourd'hui une reclamation de votre
Parlement de Toulouſe, contre une entrepriſe qui n'eſt différente de celle dont nous
nous plaignons, qu'en ce qu'elle allégue
une eſpece de poſſeſſion, au lieu que nous
attaquons l'abus dès ſa naiſſance.

C'eſt-là que s'eſt préparée, & que s'eſt
formée la Déclaration de 1734, qui ſert
de reglement à votre Parlement & à la

Cour des Aides de Bordeaux.

C'étoit-là, Sire, que nous nous étions fla-
tés que seroient examinés les Mémoires
dont nous avions chargé notre Député, &
dont nous ne vous présenterons ici qu'un extrait abregé ; ils renferment dans une juste
étendue les témoignages autentiques des
Loix anciennes & nouvelles, dont la chaîne non-interrompue dépose dans chacune
de ses parties en faveur des justes motifs
de notre reclamation.

Votre Parlement n'y paroît jaloux de
l'autorité que vous lui avez confiée , que
parce qu'on ne sauroit la distinguer de la
vôtre ; il n'y parle de son intérêt propre ,
que parce qu'il y est démontré qu'il est lié
intimément avec celui de votre service ;
par-tout éclatent des preuves non équivoques de sa fidélité inviolable ; elle seule a
dirigé tous ses pas , conduit toutes ses démarches , dicté toutes ses représentations ;
elle seule a pu lui inspirer le courage de
s'élever avec force contre quelques exemples d'autant plus difficiles à combattre ,
que le vice en a été long-tems caché sous
le voile spécieux d'une utilité apparente. Il
a fallu remonter à l'origine des Commissions établies pour le renouvellement du
Papier Terrier , marquer l'époque de l'ac-
croissement insensible de leurs pouvoirs ,
& prouver qu'on ne sauroit en indiquer
d'autre cause que la confusion qui s'est faite, comme par surprise , de la direction

& de la Jurisdiction contentieuse du Domaine.

Soumises à l'enregistrement dans les
Parlemens, les premieres Commissions de
ce genre agissant sous les yeux de la Loi,
n'excéderent pas les bornes de leur desti-
nation ; telles furent les Commissions de
1563. 1564, 1582, 1607, & 1666. Mais
quelques-unes de celles qui les suivirent,
quoique renfermées dans le seul objet de
la simple direction, entreprirent sur la Jurisdiction contentieuse : un premier exemple ignoré ou toléré, ouvrit la voie à de
nouvelles contraventions ; de simples Di-
recteurs du Domaine en devinrent les Juges plus d'une fois ; le cours des Jurisdictions ordinaires a été suspendu au préjudice du bien public, & toujours contre
l'intérêt de votre Domaine ; & l'excès du
mal est parvenu jusqu'au point qu'on ne
peut y apporter d'autre remede que celui
d'un Reglement général, qui distingue
pour toujours les simples opérations d'administration, de l'exercice important de la
Jurisdiction contentieuse.

Cette distinction est fixée dans toutes
les Loix qui forment notre droit public ;
ces Loix augustes ont toujours conservé
un principe de vie ; & il étoit réservé au
plus sage des Législateurs, de leur rendre
toute leur premiere autorité, confrontée
avec les maximes invariables de l'ordre public des Jurisdictions. La disposition qui

dans les Lettres Patentes de 1752 a excité
notre zele , n'eût pu soutenir les regards
de votre justice , & votre réponse , Sire ,
eût été une loi , la seule voix par laquelle
Votre Majesté se fait entendre à ses Parlemens.

Au lieu de cette loi , Sire , que nous
avions lieu d'espérer , une décision que
nous ne pouvions prévoir , est devenue ,
entre les mains du Bureau des Tresoriers
de France de Bordeaux , un nouveau titre
pour colorer leur usurpation. Nous sça-
vons , Sire , que votre Domaine fait une
partie de vos Finances ; mais nous n'igno-
rons pas aussi qu'il peut , comme elles , se
considérer sous différens points de vue ,
en suivant la distinction que nous venons
d'annoncer. Votre Domaine envisagé par
rapport à sa direction , soit qu'elle consiste
dans la perception des revenus , soit qu'elle
ait pour objet leur emploi & leur destina-
tion , est du ressort de l'administration ; &
celle-ci peut changer suivant les besoins de
votre Etat , auxquels sont toujours propor-
tionnées les vues de votre prudence.

Mais si l'on considere ce même Domaine comme un dépôt inaliénable , dont la
conservation est confiée à la Loi même ;
oui , Sire , il est alors du ressort de votre
Jurisdiction suprême , dont les Parlemens
sont dépositaires par les Loix de l'Etat : les
en dépouiller , c'est donner atteinte à ces
Loix , c'est substituer un ordre nouveau à

l'ancien droit public de votre Royaume. Ce
ce pouvoir que vous exercez, non comme
Propriétaire de votre Domaine, mais comme Légiſlateur de vos peuples, non, Sire,
Votre Majeſté ne l'a confié qu'à ſes Parlemens.

II Auſſi la déciſion du 16 Septembre
dernier ne fit que redoubler notre zele,
en nous faiſant ſentir de plus en plus la néceſſité où nous nous trouvions de faire parvenir juſqu'au Légiſlateur les plaintes de
la Loi même. Nous arrêtames, Sire, qu'il
ſeroit fait à Votre Majeſté de très-humbles & très-reſpectueuſes Remontrances :
mais en fixant les objets, nous chercha-
mes nous-mêmes à accélérer les opérations
ordonnées par les Lettres Patentes ; nous
enjoignîmes aux Treſoriers de France de
procéder ſans délai à la confection du Terrier de vos Domaines, & au jugement en
premiere inſtance des conteſtations qui y
ſont relatives, ſauf l'appel à votre Parlement.

Comment, Sire, ceux que nous avons
à combattre ont-ils donc pu ſe flater de
confondre avec des objets étrangers à notre réclamation, celui qui fait aujourd'hui
la matiere de nos plaintes très-reſpec-
tueuſes ?

Elles ne tendent, Sire, qu'à la conſervation de cette Juriſdiction précieuſe que
nous ne pouvons abandonner ſans prévari-
cation, & dont nous ne pouvons nous

laisser dépouiller , sans joindre à notre opprobre éternel le renversement des Loix les plus anciennes & les plus inviolables.

S'il ne nous est pas permis de négliger aucune partie de cette Jurisdiction , à combien plus forte raison devons-nous revendiquer avec force celle qui a pour objet la conservation de votre Domaine ?

Ce Domaine , Sire , est un dépôt dont nous sommes comptables à Votre Majesté & à ses Successeurs. Soit que l'on en considere la nature , soit que l'on fasse attention aux Loix établies pour sa conservation , soit enfin que l'on consulte les monumens historiques de la Monarchie , qui forment le droit public de ce Royaume , par-tout nous trouverons démontré , que confié à notre garde , jamais il ne peut être soustrait à la Jurisdiction de vos Parlemens.

Par sa nature , Sire , il est le patrimoine de l'Etat. Les Loix de votre Royaume ont irrévocablement uni à la Couronne de France les biens de ses Souverains ; & par un heureux concert & des maximes de la Monarchie & des dispositions du Monarque , le Pere de la Nation n'a jamais possédé que pour elle.

De là , ces Reglemens sacrés , fruit de la profonde sagesse de vos augustes Prédécesseurs, & qu'ils ont toujours regardé comme autant de barrieres contre l'avidité qui envahit, & la prodigalité qui diſſipe.

Ces regles, Sire, vos Parlemens les connoiſſent ; elles leur ont été confiées avec le dépôt de toutes les autres Loix : chargés de leur exécution, ils en ont fait l'objet de leurs études, & l'expérience de tous les âges les a inſtruits & de leur étendue, & de leur juſte application. Et où ces Loix ſi ſages veilleroient-elles avec plus d'attention à la conſervation de votre Domaine, que dans ce temple où elles ont été placées comme une garde ſévere deſtinée à maintenir tous les droits de votre Empire ?

III. Qu'il nous ſoit permis, Sire, de remonter aux ſiecles paſſés. Il n'eſt aucun tems de la Monarchie, où par, la ſupériorité de leur reſſort, vos Parlemens n'ayent été en poſſeſſion de juger les conteſtations qui ſe ſont élevées à l'occaſion de votre Domaine. Quel motif ou quel prétexte auroit pu nous priver d'une Juriſdiction qui fut toujours exercée en premiere inſtance par vos Baillifs & Sénéchaux ?

Cette poſſeſſion tenoit à l'ordre public ; elle étoit non l'effet du hazard, mais le fruit de la réflexion des Légiſlateurs ; & il ſuffit, pour s'en convaincre, de faire attention que jamais l'on n'a entrepris de donner la moindre atteinte à la ſageſſe de ce plan, ſans que les Loix du Royaume n'aient paru reclamer d'elles-mê-

mes contre une innovation auffi dange-
reufe.

En 1390 le Roi Charles VI fe crut autorifé par les malheureufes circonftances
dans lefquelles fe trouvoit alors le Gouvernement , à tranfporter aux Treforiers
de France , dont le titre ne reffembloit en
rien à celui dont ces Officiers fe parent aujourd'hui, la Jurifdiction fur la partie contentieufe du Domaine ; on les nomma
Treforiers de Juftice. Mais on apperçut
bientôt le péril , ou plutôt l'abus de l'innovation : elle ne dura pas plus de quatre
ans ; & par deux Déclarations , l'une de
1394 , l'autre de 1397, ces Officiers , qui
n'avoient point été créés pour devenir Magiftrats , furent fucceffivement fupprimés ;
on éteignit jufqu'à leur nom aux États de
Paris en 1413.

Les nouveaux Treforiers de France n'a-
voient, Sire , par le titre de leur inftitution , que la fimple direction de votre Domaine ; & fi l'on voit fous Louis XII la
Chambre du Trefor connoître , concur-
remment avec les Baillifs & Sénéchaux ,
des matieres contentieufes , c'étoit toujours à la charge de l'appel en vos Parlemens.

En 1536 , l'Edit de Cremieu confirma
ce droit des Baillifs & Sénéchaux , & leur
accorda même privativement aux autres
Juges , & toujours à la charge de l'appel ,
la connoiffance de la vérification des hom-

mages des Vaſſaux de Votre Majeſté, des receptions en main ſouveraine, & de toutes les cauſes pour raiſon des mouvances de votre Domaine.

En 1551, le Roi Henri II établit les Préſidiaux pour connoître en dernier reſſort des conteſtations dont l'objet ne paſſoit pas une certaine ſomme. Le Légiſlateur eut pour but d'accélérer l'expédition des affaires, & d'épargner aux peuples les longueurs diſpendieuſes des procès dont l'intérêt pouvoit être modique : mais cet intérêt étoit toujours ineſtimable toutes les fois qu'il concernoit la moindre portion du Domaine ; auſſi fut-il excepté des matieres ſur leſquelles les Préſidiaux acquirent la Juriſdiction en dernier reſſort. Il leur fut défendu *de ne prendre, ne retenir aucune connoiſſance en ſouveraineté du fait de votre Domaine, ni de partie ou portion d'icelui ;* tant il eſt vrai, pour nous ſervir ici des expreſſions d'un de nos plus profonds Juriſconſultes, *que tous nos Rois ont toujours eu attention que leur Domaine ne fût jugé définitivement que par leur Cour majeure, celle qui étoit la plus diſtinguée par ſa dignité, par ſon ancienneté, par l'importance de ſes fonctions, & qui par cela même étoit préſumée être plus attachée à eux & à leurs États.*

Et comment, Sire, les Bureaux des Finances auroient-ils pu juger alors, même en premiere inſtance, les cauſes de votre

Domaine? Créés pour la seule administration de vos revenus, & consacrés par état à de pures opérations de Finance, ils n'avoient point dans leur Siege ce ministere, l'organe de la Loi, & qui, sous le nom de Procureur de Votre Majesté, fut d'abord institué pour l'intérêt seul de votre Domaine, comme le disoit le Chancelier de l'Hôpital dans un Lit de Justice tenu en 1565 dans votre Parlement de Bordeaux.

C'est ce ministere, Sire, qui, suivant les termes d'une ancienne Ordonnance (a), *est la seule partie légitime toutes les fois qu'il s'agit du patrimoine du Souverain*, & le seul adversaire né de toutes les fraudes qui peuvent tendre à l'altérer. Il n'est point sans lui de Jurisdiction sur votre Domaine : comment les Tresoriers de France voudroient-ils se parer de l'éclat de l'une, sans pouvoir indiquer la trace de l'autre?

Quelle est donc, Sire, l'époque de cette Jurisdiction contentieuse que les Tresoriers de France exercent aujourd'hui sous le ressort du Parlement? Elle est fixée par l'Edit de 1627, qui leur attribua la connoissance des causes domaniales. Mais l'établissement de ce Tribunal, inconnu jusques-là, dépouilla-t-il vos Cours de Parlement? Non, Sire, leur droit de ressort subsista. Les Tresoriers de France acqui-

____

(a) Ordonn. du Roi Jean en 1363, art. 19.

quirent donc alors une Jurifdiction, mais telle que l'avoient en avant eux les Baillifs & Sénéchaux, essentiellement subordonnée à celle de votre Parlement, dont le pouvoir ne reçut aucune atteinte.

Dira-t-on, Sire, que ce pouvoir si honorable à vos premiers Magistrats, & utile à vos Sujets, ne nous est enlevé que pour un tems, & que la fin du Papier Terrier de vos Domaines bornant l'administration de la nouvelle Commission, anéantira en même tems le titre de la Jurifdiction Souveraine ? Sire, les exemples des Commissions précédentes nous dévoilent le but de celles qui par la même voie veulent se frayer une route à un pouvoir durable & permanent. L'homme ne renonce point aisément à une autorité qui l'honore, lorsqu'il ne tient qu'à lui de la perpétuer. Le dirons-nous, Sire ? La négligence & la lenteur dans la direction de vos Domaines, sont venues de la crainte de perdre la Jurifdiction qui y étoit attachée : ainsi une Commission, qui, selon vos vues, ne doit durer que quelques années, devient un Tribunal stable, & le devient bien plus aisément encore, si elle est confiée à un Corps qui ait une existence civile, antérieure à l'attribution. N'a-t-on pas vu, Sire, la Chambre des Comptes de Montpellier, subrogée pour la confection de votre Terrier à une Commission particuliere, s'ériger ensuite en Tribunal Sou-

verain pour toutes les matieres du Domaine , & depuis plus de soixante ans préten-
dre conserver , malgré votre Parlement de
Toulouse , & à son préjudice , cette Jurifdiction en dernier ressort que les Tresoriers de France de Bordeaux feignent aujourd'hui de ne vouloir nous enlever que
pour un tems ? D'ailleurs , Sire , il suffit
que cette innovation soit un désordre, pour
que le plus ou le moins de durée ne puisse
le justifier aux yeux du Législateur. L'ordre public est inaltérable dans tout ce qui
constitue son essence : les Loix sont autour
de votre Trône comme un rempart iné-
branlable ; faire la moindre bréche à ce
rempart , c'est montrer à l'infidélité qu'il
peut être attaqué , c'est enhardir le préva-
ricateur , diminuer la confiance de vos
peuples , & jetter l'allarme dans tous les
esprits.

Ce n'est point dans les Commissions extraordinaires que la constitution de l'Etat
a placé le Trône de votre Justice ; elles ont
commencé & elles finissent tous les jours :
mais votre Jurisdiction souveraine est immuable , elle a commencé avec la Monarchie , elle est née avec la Loi , & ne doit
finir qu'avec elles ; elle ne réside , Sire , &
vos Prédécesseurs ne l'ont exercée que dans
ces Corps augustes , qui sous différens
noms ont toujours été les organes de votre
sagesse, les appuis de votre pouvoir , & les
dépositaires de vos volontés sacrées.

IV. L'obtention des Lettres Patentes de 1752 n'est qu'une voie indirecte employée par les Trésoriers de France pour usurper une Jurisdiction dont ils sont incapables par état.

Nous avons déja eu l'honneur, Sire, de le représenter à Votre Majesté, l'exercice d'une Jurisdiction suprême sur votre Domaine exige l'étude la plus profonde du Droit public de la Nation, & la connoissance la plus étendue de ses usages. Il faut, pour ainsi dire, avoir été nourri avec les Loix, & s'être familiarisé avec l'Histoire de la Monarchie; connoître à fond toutes les précautions que les Législateurs ont prises pour la conservation du patrimoine du Souverain; être accoutumé à faire une application sure & des principes généraux & des reglemens particuliers; pouvoir remonter aux titres les plus anciens, qui assurent à votre Majesté la possession de ses droits; suivre ceux-ci dans les différentes formes sous lesquelles, toujours inaltérables dans leur essence, ils se sont produits dans les différentes époques de la Monarchie.

Toutes ces connoissances sont le trésor de la Magistrature. Elle seule possede ces monumens sur lesquels la Loi a, pour ainsi dire, gravé les traces de tous ses pas; les Magistrats formés sous ses yeux, élevés dans son Temple, animés par son esprit, ne suivent que la direction qu'elle leur imprime. Et qu'est-ce que leur Jurisprudence ? si ce n'est l'écho, mille fois répété, de cette voix par laquelle la Loi elle-même instruit les Peuples & de vos droits & de leurs devoirs.

Des hommes dont les fonctions ordinaires sont étrangeres à celles de Juges, ne sçauroient posséder ces connoissances que suppose votre Jurisdiction souveraine, & que le travail le plus infatigable n'acquiert au Magistrat qu'après une longue suite d'années. Le titre des Tresoriers ne les assujettit ni à aucun cours d'étude, ni à ces épreuves requises pour entrer dans le sanctuaire des Loix. Etablis autrefois sans aucun droit de Jurisdiction, qu'ils soient contens d'exercer celle qui leur fut confiée en 1627, & contre laquelle vos Parlemens ne réclament point, parce que la voie de l'appel, qui reste à votre Procureur Général, met votre Domaine en sureté & rassure notre zele.

Mais, Sire, quelle seroit aujourd'hui l'étendue du pouvoir confié à ce nouveau Tribunal, si Votre Majesté laissoit subsister les Lettres Patentes de 1752 ? A l'irréformabilité de ses jugemens, à l'importance de leur objet, se joindroit l'universalité des matieres qui y seroient portées. Il n'en est aucune, qui, sous prétexte de connexité, ne puisse être soumise à sa compétence : & quelle est celle qui ne puisse avoir avec votre Domaine des rapports

plus ou moins marqués? Les causes qui se
trouvent le plus souvent liées avec son intérêt, sont celles des Fiefs de vos Sujets.
C'est à vous, Sire, que se rapporte le dernier hommage de toutes les terres de votre Royaume, & le dernier dégré de féo-
dalité est toujours attaché à votre Couronne. La connoissance des contestations relatives à ces Fiefs en entraîne une multitude d'autres, qui naissent des différens rapports que ces Fiefs, qui relevent de Vous,
peuvent avoir entr'eux, considérés, soit
comme biens patrimoniaux, [ce qui ame-
ne la matiere des successions & des parta-
ges]; soit comme acquis à titre singulier,
ce qui saisit le nouveau Tribunal de la connoissance de tous les contrats.

On n'a eu garde, Sire, de vous faire envisager toutes les suites de cette évocation,
la plus générale qui ait jamais été surprise.
Elle rend les Tresoriers de France commis
pour la confection du Terrier, Juges même des appels comme d'abus. Et en effet,
dans le cas où un Evêque auroit conféré
librement un bénéfice dont le Patronage
laïc seroit attaché à quelque Fief; l'appel
comme d'abus de l'institution donnée par
l'Evêque ne deviendra-t-il pas incident à
la contestation sur le Patronage? & celle-
ci ne sera-t-elle pas regardée comme con-
nexe avec l'aveu & dénombrement dans
lequel il sera nécessaire d'inserer le droit
du Patron? Ainsi cette matiere, si essen-

tiellement liée à la Jurisdiction de vos Parlemens, sera jugée en dernier ressort par le Bureau des Finances. Disons-le, Sire, avec vérité & assurance : c'est une Jurisdiction universelle que ce Bureau veut envahir, sous prétexte & à l'occasion d'une simple administration.

V. Le succès de cette prétention seroit donc un renversement du droit public de votre Royaume. L'ordre des Jurisdictions qui en fait partie est immuable comme lui. C'est par la Justice, Sire, que vous regnez ; son exercice perpétuel & invariable est le signe auquel on reconnoit l'autorité du Monarque. C'est à la juste & sage distribution de cet exercice, que nos Loix ont principalement veillé. L'harmonie qu'elles ont établie dans l'administration de la Justice, est dans votre Empire, ce que sont dans l'Univers les Loix de la Nature. La Toute-Puissance même s'assujettit à celle-ci, & votre souverain pouvoir ne peut donner atteinte à celle-là, sans altérer la constitution de l'Etat, & sans exposer aux dangers les plus redoutables les droits les plus précieux de votre Couronne.

Si c'est l'immutabilité de ces Loix qui nous garantit la durée de votre Empire ; s'il n'est aucun motif légitime de les enfreindre, que sera-ce d'une contravention qui ne peut être colorée par aucun prétexte ?

Il est nécessaire que le Papier Terrier

ſoit renouvellé de tems en tems ; rien n'eſt plus précieux, Sire, que la conſervation de votre Domaine ; mais pour que ce renouvellement ſoit véritablement utile, il faut le concours de pluſieurs conditions.

La plus eſſentielle de toutes, eſt qu'il ſoit fait ſuivant les regles invariables d'une Juriſprudence éclairée par la Loi ; regles précieuſes que l'on ne trouvera jamais que dans le Tribunaux fixes, qui en étant dépoſitaires par état, peuvent ſeuls en perpétuer la tradition.

Premiere raiſon priſe du véritable intérêt du Domaine, pour ne pas dépouiller ces Tribunaux de cette portion ſi ancienne & ſi noble de leur inſtitution.

Pourroit-on conteſter en effet que le Domaine ne doive ſa conſervation, & l'état où nous le voyons, aux différens Arrêts des Parlemens, & à la vigilance du miniſtere public qui s'y exerce ?

Une ſeconde condition ſubordonnée à cette premiere, qu'il ne faut jamais perdre de vue, eſt l'accélération & la perfection de l'ouvrage entrepris. Or l'expérience de plus d'un ſiecle prouve mieux que tout ce que l'on pourroit dire, qu'aucune des Commiſſions particulieres qui ont été établies pour le renouvellement du Papier Terrier, n'a rempli ſon objet. Telles ſont ſur-tout celles de Montauban & d'Auch, qui ſont les ſeules qui ont été données au Bureau

des Finances en Corps de Compagnie, avant
la Commiſſion de 1752, la premiere d'ailleurs qui ait été établie dans le même lieu
de la ſéance d'un de vos Parlemens. L'inaction de ces deux premieres Commiſſions,
dont l'une eſt de 1733, & le grand procès
que le Parlement de Toulouſe a depuis ſoi-
xante ans avec la Chambre des Comptes de
Montpellier, ont ſans doute engagé ce
Parlement à ſuſpendre ſa réclamation. Il
eſt certain que toutes ces Commiſſions,
après avoir langui des vingt & trente ans,
& avoir paſſé par pluſieurs alternatives de
travail d'inaction, ont toujours abouti à
l'abandon total de l'ouvrage, ſouvent re-
pris après de longs intervalles, & plus ſouvent interrompu ; enſorte que ces Commiſſions n'ont produit pendant toute leur
durée, qu'un renverſement général dans
l'ordre des Juriſdictions, des conflits ſans
nombre, la ruine de mille particuliers, &
jamais rien de véritablement utile au Domaine.

Seconde raiſon favorable aux Tribunaux
ordinaires.

Une troiſieme condition eſt le choix
des moyens de diminuer les frais de ce renouvellement. Un juſte calcul peut éva-
luer ce qu'il en coute à Votre Majeſté & à
vos Sujets, dans ces Commiſſions, au-deſ-
ſus de ce qu'il en couteroit dans les Tribunaux ordinaires.

Troiſieme raiſon pour ne pas les dépouiller.

Il est donc facile de détruire tous les prétextes qui ont servi de motif à l'établissement de ces Commissions.

Prétexte pris de l'interêt & de la faveur du Domaine.

On a vu dans la plupart de ces Commissions, s'introduire & s'accréditer une Jurisprudence nouvelle & arbitraire, & porter mille atteintes à ces maximes invariables, qui dans les Parlemens ont toujours conservé le Domaine.

Prétexte pris de l'accélération. Ce prétexte est détruit par la lenteur & l'imperfection notoire des opérations de ces Commissions.

Prétexte pris de la diminution des frais. C'est encore un fait qui ne peut être éclairci qu'en faveur des Jurisdictions ordinaires.

Sire, toutes les Commissions extraordinaires sont comprises dans la prohibition générale prononcée par les Ordonnances ; mais les évocations qui ont pour objet les causes de votre Domaine, sont encore reprouvées par les Loix particulieres qui veillent à sa conservation. Celle de 1669 & celle de 1755 défendent expressément toutes sortes d'évocations en matiere de Domaine.

L'Arrêt que votre Parlement a rendu le 13 Novembre dernier, est donc conforme à toutes les regles ; qu'il seroit affligeant pour nous, qu'il eût pu être regardé comme une rebellion à vos ordres ! Votre propre intérêt, Sire, le rendoit necessaire, sans retarder d'un moment le renouvellement de votre Papier Terrier. Il reserve seulement l'appel à votre Parlement en matiere contentieuse, & laisse subsister, comme nous l'avons remarqué, l'effet des Lettres Patentes pour toutes les opérations de direction qui sont necessaires dans ce renouvellement, & qui n'ayant aucun rapport avec la contention, ne sont susceptibles ni de jugement, ni d'appel. Veuillez bien, Sire, considerer que les fonctions des Commissaires qu'il plaît à Votre Majesté de nommer pour ces opérations, sont absolument semblables à celles des Notaires, qui recevant les déclarations consenties à des Seigneurs particuliers, n'ont pas le pouvoir de juger les contestations qui s'élevent à cette occasion, & que ce n'est que parce qu'on a changé la nature des Lettres de Terriers, que s'est faite la confusion de la Direction & de la Jurisdiction contentieuse, si préjudiciable à l'interêt de votre Domaine.

Cet Arrêt est fondé sur les mêmes motifs que celui que rendit le Parlement de Paris le premier Septembre 1656, dans une occasion à peu près semblable. Une Déclaration du 20 Juillet 1656 avoit attribué la confection du Papier Terrier du Domaine, à des Commissaires qui avoient été pris dans la Chambre des Comptes.

Le Parlement de Paris fit défenses par l'Arrêt dont nous venons de parler, d'exécuter les Ordonnances que ces Commissaires avoient rendues, & fit des injonctions à celui auquel la poursuite du Terrier étoit commise, de rapporter les Lettres en vertu desquelles il agissoit. Cet Arrêt fut présenté comme un attentat à l'autorité du Souverain ; mais votre auguste Bisayeul ne regarda pas comme un crime, une résistance qui opposoit la fermeté de la Loi aux intrigues par lesquelles on avoit osé le surprendre : instruit des raisons de son Parlement, dès le 11 Octobre de la même année, il fit surseoir, par une décision expresse, à l'exécution de la Commission, & la révoqua ensuite par une Déclaration du 7 Novembre 1657.

Cette Déclaration établit une nouvelle Commission sous le nom de Chambre Souveraine du Domaine ; & quoiqu'elle fût composée de plusieurs Officiers du Parlement, elle ne fut enregistrée au Parlement de Paris, & à celui de Toulouse, *qu'à la charge que ces Commissaires ne pourroient prendre connoissance du fonds du Domaine.*

Ainsi a toujours été perpétuellement respectée cette ancienne maxime, *que les causes du Patrimoine & Domaine de France doivent être traitées dans les Parlemens, & non ailleur.*

Dans la Province de Bretagne, différentes Lettres-Patentes ont établi en différens tems des Commissions pour la recherche , vérification , accélération & jugement des droits & devoirs casuels du Domaine de Votre Majesté. Le Parlement , en laissant à ces Commissaires la direction de vos Domaines avec le jugement en premiere instance , n'a jamais manqué de revendiquer la Jurisdiction Souveraine qui lui appartient essentiellement , & a toujours inséré dans ses Arrêts d'enregistrement , que ces Commissions ne seroient exécutées qu'à la charge de l'appel de tous leurs jugemens. Votre auguste Bisayeul n'a jamais cru , Sire , devoir blâmer ces précautions de la Loi. Des Lettres Patentes données le 17 Août 1680 , ordonnerent que les appels des Sentences & Jugemens rendus par les Commissaires Députés pour la confection du Papier Terrier , seroient relevés à ce Parlement. D'autres Lettres Patentes allerent plus loin : elles ordonnerent que les oppositions formées aux jugemens des Commissaires Députés pour la réformation du Domaine , fussent portées en la Grand-Chambre de ce même Parlement.

Loin donc que les Commissions en matiere de Domaine aient formé le droit commun de la France , elles ont au contraire servi de preuve au droit public , qui leur est contraire ; le mauvais effet qu'elles ont produit , n'a servi dans tous les tems qu'à fortifier cette ancienne maxime , qu'il n'est pas de l'intérêt du Domaine d'y être jugé.   G

VI. C'est donc uniquement le rétablis-
sement des regles & de l'ordre public, que
nous reclamons aujourd'hui aux pieds du
plus sage des Législateurs ; ses volontés
respectables seront toujours guidées par la
justice, & notre premier vœu fut toujours
de les suivre. Mais, Sire, nous trahirions
notre serment & la fidélité que nous vous
devons, si nous n'osions vous représenter
avec le plus profond respect, que ces volontés ne peuvent ni ne doivent, suivant
toutes les Ordonnances, être connues de
son Parlement, qu'autant qu'elles lui sont
directement adressées, revêtues des formes anciennes & autentiques de votre autorité, qui seules peuvent les caractéri-
riser. Pouvions-nous, Sire, les reconnoître dans la signification faite en la personne de votre Procureur-Général, qui est
une voie inusitée, si l'interêt de Votre
Majesté, & celui de vos Sujets, n'eût engagé votre Parlement à ne pas suspendre
plus long-tems ses très-humbles & très-
respectueuses Remontrances ?

Elles ne sont, Sire, que l'effusion du
zele le plus pûr ; c'est l'interêt seul de Votre Majesté, qui nous les a dictées ; c'est
votre autorité que l'on respecte dans vos
Parlemens ; c'est la confiance dont vous
les honorez, qui leur attire celle des peuples. Si nous perdons la premiere ; si dans
une partie aussi importante de notre Jurisdiction, nous nous voyons dépouillés,

dégradés, remplacés par des Officiers sur lesquels nous avons eu jusqu'à présent le droit de surveillance & de ressort ; Oui , Sire, nous sommes désormais indignes & incapables de servir Votre Majesté dans cette foible partie de nos fonctions qu'elle n'a paru ne nous laisser, que pour ne pas éteindre jusqu'à notre nom.

Ce sont là, Sire, les très-humbles & très-respectueuses Remontrances que présentent à Votre Majesté vos très-humbles, très-obéissans, très-fideles & très-affectionnés Sujets & Serviteurs, les Gens tenans votre Cour de Parlement de Bordeaux.

Arrêtées à Bordeaux le 16 Janvier 1756.

EXTRAIT

DES REGISTRES DE PARLEMENT.

Du 12 Mars 1756.

CE jour, le Procureur-Général du Roi est entré, & a dit, que quoique par l'Arrêt de la Cour rendu sur sa requisition , le 13 Novembre dernier, il soit nommément fait défenses au sieur Comarieu son Substitut au Bureau des Tresoriers de France de cette Ville , de requérir aucunes Or-

donnances devant la Commission établie
pour la confection du Papier Terrier de Sa
Majesté, en matiere contentieuse, à tous
Procureurs d'y postuler, & à tous Huissiers
d'y faire aucuns Exploits ou Significations
à peine de nullité des Actes, Ordonnances, Postulations ou Requisitions, mille
livres d'amende, interdiction & autres plus
grandes peines si le cas y échoit ; il est
néanmoins parvenu au Procureur-Général
du Roi l'expédirion d'une Ordonnance
rendue par ladite Commission le 16 Janvier dernier, sur la Requête du sieur Louis
de la Cassagne de Saint Laurens, signée
par Roux Procureur, sur les conclusions
dudit Comarieu, qui y est qualifié de Procureur-Général, malgré la défense qui lui
en a été faite par l'Arrêt de la Cour du
7 Août 1754, à lui signifié le 9 du même
mois, & sur le rapport du sieur Carthon,
l'un des Officiers de ladite Commission ;
par laquelle Ordonnance cette Commission, prétendant avoir le droit de juger en
dernier ressort, a entrepris, non-seulement d'évoquer la matiere contentieuse
dont il s'y agit, sur le renvoi qui lui en
avoit été fait par la Chambre des Comptes de Paris, concernant le dénombrement
fourni par ledit sieur de la Cassagne, à
raison de sa Terre de Labarde, pour la juger en dernier ressort, mais encore de
commettre le plus prochain Juge Royal
des lieux pour le paraphe dudit dénombre-

ment, & la publication d'icelui pendant trois divers jours d'audience consécutive, en présence du Procureur du Roi du Siege; & en cas d'opposition, il est permis à la Partie d'assigner les Opposans devant lesdits Commissaires: & comme cette entreprise, soit de la part du Procureur qui a signé la Requête sur laquelle cette Ordonnance est intervenue, soit de la part desdits Comarieu & Carthon, est attentatoire à l'autorité de la Cour, & directement contraire aux dispositions de ses Arrêts, & notamment à ceux desdits jours 7 Août 1754, & 13 Novembre dernier, le Procureur-Général du Roi a requis lui être octroyé Acte du rapport & remise qu'il fait sur le Bureau, de l'expédition en forme, de la susdite Ordonnance dudit jour 16 Janvier dernier, signée Barbeyron; & faisant droit de ses conclusions, ladite Ordonnance, & tout ce qui pourroit s'en être ensuivi, être cassé & annullé comme attentatoire à l'autorité & à la Jurisdiction de la Cour, & fait au préjudice de son Arrêt dudit jour 13 Novembre dernier: inhibitions & défenses être faites, tant audit Comarieu, qu'aux autres Officiers de ladite Commission, d'en requérir & donner à l'avenir de semblables, ni autres, dans les matieres contentieuses, & de prendre en icelles la qualité de Juges en dernier ressort, à peine de trois mille livres d'amende, & de telle autre peine que

de droit, & à tous Juges Royaux & autres
du Ressort de la Cour, de déférer & avoir
égard auxdites Ordonnances, aux mêmes
peines. Au surplus, tant ledit Comarieu,
Substitut du Procureur-Général du Roi au
Bureau desdits Tresoriers de France à Bordeaux, qui a requis, sur la Requête dudit
de la Cassagne, l'Ordonnance dudit jour
16 Janvier dernier, que ledit Carthon,
l'un des Officiers de ladite Commission,
Rapporteur de ladite Requête, & Roux
Procureur, qui l'a signée, être ajournés à
comparoir en personne, pour répondre,
chacun en droit soi, sur les faits resultans,
tant de la susdite Ordonnance, qui demeurera à ces fins au Greffe pour servir
de dénonciation & de piece de conviction,
que du présent Requisitoire & interdits,
qui seront contr'eux fournis par ledit Procureur-Général du Roi, pour leurs auditions rendues, à lui communiquées, & à
la Cour rapportées, être requis & ordonné ce qu'il appartiendra; & pour que l'Arrêt, qui interviendra, soit notoire, être
ordonné qu'il sera imprimé, lu, publié &
affiché par tout où besoin sera, & des
exemplaires d'icelui envoyés dans tous les
Baillages & Sénéchaussées du Ressort de la
Cour, pour y être lu, publié, enregistré,
& exécuté suivant sa forme & teneur.

Signé, DUVIGIER, fils.

La Cour, toutes les Chambres assemblées, faisant droit de la requisition du

Procureur-Général du Roi, lui octroye acte de la remise par lui tout présentement faite sur le Bureau, de l'expédition en forme de la susdite Ordonnance dudit jour 16 Janvier dernier, signée Barbeyron, & cassé & casse ladite Ordonnance, & tout ce qui s'en est ensuivi comme attentatoire à l'autorité, & à la Jurisdiction de ladite Cour, & rendue au préjudice de l'Arrêt du 13 Novembre dernier; fait inhibitions & défenses, tant audit Comarieu, qu'aux autres Officiers du Bureau des Finances, d'en requérir & donner à l'avenir de semblables, ni autres dans les matieres contentieuses, & de prendre en icelles la qualité de Juges en dernier ressort, à peine de trois mille livres d'amende, & de telle autre que de droit, & à tous Juges Royaux, & autres du Ressort de la Cour, de déférer & avoir égard auxdites Ordonnances aux mêmes peines: Au surplus, ordonne, que tant ledit Comarieu, Subfitut du Procureur-Général du Roi au Bureau desdits Tresoriers de France à Bordeaux, qui a requis ladite Ordonnance du 16 Janvier dernier, que Carthon Rapporteur de ladite Requête, & Roux Procureur qui l'a signée, seront ajournés à comparoir en personne dans le délai de l'Ordonnance, pour répondre, chacun en droit soi, sur les faits resultans, tant de la susdite Ordonnance qui demeurera à ces fins au Greffe, pour servir de dénonciation & de piece de conviction,

que du contenu audit Requisitoire & Interdits, qui seront contr'eux fournis par
ledit Procureur-Général du Roi, pour leurs
auditions rendues, à lui communiquées
& à la Cour rapportées, être par lui requis, & par la Cour ordonné ce qu'il appartiendra : Ordonne que le présent Arrêt
sera imprimé, lu, publié & affiché par tout
où besoin sera, & des exemplaires d'icelui
envoyés, à la diligence dudit Procureur-
Général du Roi, dans tous les Baillages &
Sénéchaussées du Ressort de la Cour, pour
y être lu, publié, enregistré, & exécuté
suivant sa forme & teneur. Fait à Bordeaux
en Parlement, le 12 Mars 1756.
Monsieur LE BERTHON *Premier Président.*
        Collationné. *Signé*, ROGER, Greffier.

LOUIS par la grace de Dieu Roi de
France & de Navarre, Au premier notre
Huissier ou Sergent Royal sur ce requis,
à la requête de notre Procureur-General
en notre Cour de Parlement à Bordeaux,
te mandons signifier l'Arrêt de notredite
Cour en date de ce jour, dont l'extrait est
ci-attaché sous le contre-scel de notre Chancellerie, aux dénommés audit Arrêt, & à
tous autres qu'il appartiendra, & dont sera
requis, aux fins qu'ils ne l'ignorent, &
ayent à y obéir ; pour raison de quoi, &
de l'entiere exécution des présentes, fais tous
exploits, significations, lectures, publications & autres actes requis & nécessaires ;

de ce faire te donnons pouvoir. Donné à
Bordeaux, en notredit Parlement, le 12
mars 1756, & de notre regne le quarante-
unieme. *Signé. Par la Chambre.* DUMAS.
& scellé extraordinairement ledit jour 12
mars 1756.

ARRET

DU PARLEMENT.

Du mardi 30 Mars 1756.

Extrait des Registres de Parlement.

CE jour les Chambres ayant été assemblées, le Procureur Général du Roi étant
entré, a mis sur le Bureau un Requisitoire
à l'occasion d'une Ordonnance rendue par
les Officiers du Bureau des Tresoriers de
France en Guyenne au préjudice de l'Arrêt
de la Cour du 13 Novembre dernier qui
leur fait défenses de donner aucunes Ordonnances en matiere contentieuse à l'occasion de l'attribution à eux donnée pour
le renouvellement du Papier Terrier de Sa
Majesté, lecture faite dudit Requisitoire,
Eue déliberation, a été arrêté, que la Cour
faisant droit de la requisition du Procureur General du Roi, a cassé & annullé

l'Ordonnance rendue par les Officiers du Bureau des Treforiers de France du 13 Février dernier, & tout ce qui s'en eft enfuivi, comme attentatoire à l'autorité & à la Jurifdiction de la Cour, & fait en contravention à l'Arrêt du 13 Novembre dernier ; lequel, enfemble celui du 12 de ce mois, feront executés fuivant leur forme & teneur ; en conféquence & conformement à celui dudit jour 13 Novembre, enjoint aux Officiers du Bureau des Finances en Guyenne de vacquer fans retardement à l'inftruction & jugement des inftances mues & à mouvoir à l'occafion du Papier Terrier du domaine de S. M., fauf l'appel en la Cour ; à ces fins que l'Arrêt fera fignifié au Greffier dudit Bureau des Finances pour en avertir les Officier afin qu'ils n'en prétendent caufe d'ignorance. Au furplus que tant Laborde Delbos qui a rapporté la Requête fur laquelle l'Ordonnance du 13 Février eft intervenue, que Courtieu qui l'a fignée en qualité de Préfident, Comarieu qui l'a requife, & Roux Procureur qui a figné la Requête, feront ajournés à comparoir en perfonne dans le délai de l'Ordonnance pour repondre chacun en droit foi fur les faits refulrans de ladite Ordonnance & interdits qui feront contr'eux fournis par le Procureur Général, pardevant les Commiffaires qui feront à ces fins commis & députés, pour leurs auditions rendues, audit Procureur Général

communiquées & à la Cour rapportées
être ordonné ce qu'il appartiendra. Fait à
Bordeaux , en Parlement , le 30 Mars
1756.

M. Le Berthon *Premier Président.*

REQUISITOIRE

De M. le Procureur Général du Par-
lement de Bordeaux , du 30 *Mars*
1756.

CE jour le Procureur Général du Roi est
entré & a dit , qu'il est obligé d'élever encore son ministere contre une nouvelle
contravention commise par les Tresoriers
de France du Bureau des Finances de cette
Ville à l'Arrêt de la Cour du 13 Novembre
dernier. Ces Officiers continuant à s'attribuer la qualité de Juges en dernier ressort,
& affectant de méconnoître les défenses
qui leur sont faites par cet Arrêt, de rendre aucunes Ordonnances dans les matieres
contentieuses , si ce n'est à la charge de
l'appel , en ont néanmoins rendu une le 13
Février dernier sur la Requête à eux donnée au nom du sieur Louis Pourcin aîné
Négociant à Bordeaux , qui a été signée
par Roux Procureur, & rapportée par le
sieur Laborde Delbos , dont le Procureur

Général du Roi rapporte l'expédition en forme, signée, Barbeyron.

Par cette Ordonnance, à laquelle il pâroit que le sieur Courtieu a presidé, il est octroyé acte audit Pourcin de la présentation par lui faite du dénombrement par lui fourni audit Bureau des Finances, pour raison du fief de Laurenzane, autrement de Langon, & la publication & lecture dudit dénombrement est renvoyée pardevant le plus prochain Juge Royal des lieux non suspect pendant trois audiances consécutives de huitaine en huitaine en présence du Procureur du Roi, desquelles publications le Greffier dudit Siege sera tenu de fournir expédition en forme, à peine d'interdiction; à raison de quoi sera payé audit Juge 3 livres 4 sols, au Procureur du Roi 32 s., & au Greffier 3 l. 4 s., & il leur est fait défenfenses d'en exiger davantage; & en cas d'oppositions au dénombrement, il est permis d'assigner les opposans audit Bureau des Finances dans le délai des reglemens pour en déduire les moyens, pour le tout fait & rapporté être procédé à la vérification dudit dénombrement ainsi qu'il appartiendra.

Indépendamment de la contravention à l'Arrêt du 13 Novembre dernier, la supériorité qu'ont affecté les Tresoriers de France qui ont rendu cette Ordonnance à l'égard des Officiers Royaux, devers lesquels ils sont renvoyés pour la publication du dénombrement dont il est question, la rend sans doute nulle & cassable, & tant ceux qui l'ont rendue, que le Procureur qui l'a requise au nom dudit Pourcin, repréhensibles; ainsi le Procureur Général du Roi a requis lui être octroyé acte du rapport & remise qu'il a tout présentement fait sur le Bureau, de l'expédition en forme de la susdite Ordonnance du 13 Février dernier, signée, Barbeyron; & faisant droit de ses conclusions, ladite Ordonnance & tout ce qui pourroit s'en être ensuivi, être cassé & annullé comme attentatoire à l'autorité & à la jurisdiction de la Cour, & fait en contravention à son Arrêt du 13 Novembre dernier, lequel ensemble celui du 12 de ce mois seront exécutés suivant leur forme & teneur, en conséquence & conformément à celui dudit jour 13 Novembre, être enjoint auxdits Officiers dudit Bureau des Finances de vacquer sans retardement à l'instruction & jugement des instances mues & à mouvoir à l'occasion du Papier Terrier du Domaine de S. M., sauf l'appel en la Cour, à ces fins que l'Arrêt qui interviendra sera signifié au Greffier dudit Bureau des Finances pour en avertir lesdits Officiers afin qu'ils n'en prétendent cause d'ignorance; au surplus tant le sieur Laborde Delbos qui a rapporté la requête sur laquelle ladite Ordonnance est intervenue, que le sieur Courtieu qui l'a signée en qualité de Président, Comarieu

Procureur qui l'a requise, & Roux Procureur qui a signé la Requête, être ajournés à comparoir en personne dans le delai de l'Ordonnance pour repondre chacun en droit soi, tant sur les faits resultans de ladite Ordonnance du Bureau des Finances, que sur les interdits qui seront contr'eux fournis par le Procureur Général du Roi, pour leurs auditions rendues, à lui communiquées & à la Cour rapportées être requis & ordonné ce qu'il appartiendra.

Signé, DUVIGIER fils.

Arrêt conforme aux Conclusions, &c.

ARRET

DU CONSEIL.

Du 31 Mars 1756.

Extrait des Regiſtres du Conſeil d'Etat.

LE Roi s'étant fait repréſenter en ſon Conſeil les Lettres Patentes du 15 Août 1752 par leſquelles S. M. a commis le ſieur de Tourny Conſeiller d'Etat, Intendant de la Generalité de Bordeaux, & les Officiers du Bureau des Finances de la même Generalité pour procéder à la confection du Terrier des Domaines de ladite Generalité, l'Arrêt du Conseil du 16 Septembre 1755, rendu fur les representations faites par le Parlement de Bordeaux concernant lefdi-Lettres Patentes ; par lequel, fans s'arrê-ter auxdites repréfentations, S. M. a or-donné que fefdites Lettres Patentes féront exécutées felon leur forme & teneur, en-joint aux Commiffaires par elle délégués de proceder fans retardement à la confec-tion du Terrier ordonné par lefdites Let-tres, & fait défenfes audit Parlement de Bordeaux, & à toutes fes Cours & Juges de les troubler dans leur Commiffion ; au-tre Arrêt du Conseil du 25 Novembre 1755, rendu fur le vu d'un imprimé d'un Arrêt du Parlement de Bordeaux du 13 du même mois de Novembre, dont les difpo-fitions auroient été trouvées attentatoires à l'autorité du Roi ; par lequel Arrêt S. M. auroit caffé l'Arrêt du Parlement de Bor-deaux dudit jour 13 Novembre & tout ce qui s'en étoit enfuivi & pourroit s'enfuivre ; S. M. a fait défenfes audit Parlement de procéder à fon exécution & d'en rendre de femblables à l'avenir ; défend pareillement S. M. à tous Vaffaux, Cenfitaires & autres d'y déférer fous peine de défobéiffance. Or-donne S. M. que fefd. Lettres Patentes du 15 Août 1752 & l'Arrêt du 16 Septembre 1755 feront exécutés felon leur forme & teneur, & que ledit Arrêt feroit imprimé, publié, affiché partout où befoin feroit. Vu auffi

un imprimé d'autre Arrêt du Parlement de
Bordeaux du 12 du préfent mois de Mars
rendu fur le Requifitoire du Procureur Général par lequel il a caffé une Ordonnance
du 16 janvier dernier rendu par les Commiffaires nommés par les Lettres Patentes
du 15 Août 1752 , & decreté d'ajournement perfonnel deux defdits Commiffaires , & attendu que les difpofitions contenues dans ledit Arrêt font encore plus attentatoires à l'autorité de S. M. ; Oui le rapport du fieur Peirene de Moras Confeiller
d'Etat & ordinaire au Confeil Royal, Controlleur General des Finances , le Roi
étant en fon Confeil a caffé & annullé ,
caffe & annulle ledit Arrêt du Parlement
de Bordeaux du 12 du préfent mois de
Mars , & les decrets décernés par icelui
contre les fieurs Comarieu, Carton & Roux;
enfemble tout ce qui s'en eft enfuivi ou
peut s'en enfuivre , veut & entend que le
tout foit regardé comme nul & non avenu,
fait défenfes audit Parlement de rendre à
l'avenir de pareils Arrêts , & au Proc. Gen.
de donner des Requifitoires femblables à
celui fur lequel ledit Arrêt a été rendu.
Fait auffi S. M. défenfes à tous Greffiers
d'en délivrer des expéditions à peine d'interdiction , & à tous Huiffiers de proceder
à leur exécution à peine de punition corporelle. Veut & entend au furplus S. M.
que fes Lettres Patentes du 15 Août 1752,
& les Arrêts de fon Confeil du 16 Sept. &

25 Nov. 1755 soient exécutés selon leur forme & teneur ; & sera le présent Arrêt signifié de l'ordre de S. M. tant au Proc. Gen. qu'au Greffe de ladite Cour, & imprimé, lu, publié & affiché dans la Ville de Bordeaux & partout ailleurs où il appartiendra, afin que personne n'en ignore. Fait au Conseil d'Etat du Roi, S. M. y étant, tenu à Versailles le 31 jour de Mars 1756, signé sur l'expédition en parchemin, PHELIPEAUX, *avec paraphe.*

Le treizieme jour d'avril 1756 environ les sept heures du matin, l'Arrêt dont copie est ci-dessus & des autres parts rendu du propre mouvement du Roi, S. M. étant en son Conseil d'Etat, a été de l'ordre exprès de S. M. signifié & d'icelui laissé la présente copie aux fins y contenues ; réitérant les défenses y portées à Messieurs composans le Parlement de Bordeaux en la personne de Maître Jean Baptiste Roger l'un des Greffiers en chef de ladite Cour, en son domicile près S. Cristoly, en parlant à sa personne, à ce qu'il n'en ignore, ait à y obéir & à informer à l'instant MM. composans le Parlement de Bordeaux du contenu en icelui, pour que de leur part ils aient à s'y conformer, par nous Charles-Louis Vassal Huissier ordinaire du Roi en ses Conseils, soussigné, qui nous sommes à cet effet & par ordre exprès de S. M. transporté en ladite ville de Bordeaux. *Signé*, VASSAL.

ARRET DU CONSEIL.

Du 11 Avril 1756.

Extrait des Regiſtres du Conſeil d'Etat.

LE Roi étant informé de l'Arrêt que le Parlement de Bordeaux a rendu le 30 Mars dernier ſur le Requiſitoire du Procureur Général, par lequel il a décreté d'ajournement perſonel les ſieurs Laborde Delbos, Courtieu & Comarieu trois des Commiſſaires délégués par Sa Majeſté pour procéder à la confection du Terrier des Domaines de ladite Généralité, & Roux Procureur, & attendu que les diſpoſitions de cet Arrêt ne ſont pas moins attentatoires à l'autorité de Sa Majeſté, que celles portées dans l'Arrêt de ladite Cour du 11 Mars dernier que Sa Majeſté a caſſé & annullé par Arrêt de ſon Conſeil du 31 du même mois, vu la copie collationnée de l'Arrêt du Parlement de Bordeaux du 30 Mars, oui le rapport du ſieur Peirenc de Moras Conſeiller d'Etat & ordinaire au Conſeil Royal, Controlleur General des Finances, le Roi étant en ſon Conſeil, a caſſé & annullé, caſſe & annulle ledit Arrêt du Parlement de Bordeaux du 30 Mars dernier, &

les decrets décernés par icelui contre les
sieurs Laborde Delbos, Courtieu, Comarieu & Roux, ensemble tout ce qui s'en est
ensuivi ou pu s'en ensuivre. Veut & entend
que toutes les dispositions dudit Arrêt
soient regardées comme nulles & non ave-
nues, fait défenses audit Parlement de rendre à l'avenir de pareils Arrêts, & au Procureur General de donner des Requisitoi-
res semblables à celui sur lequel ledit Arrêt à été rendu ; fait aussi S. M. défenses à
tous Greffiers d'en délivrer des expéditions
à peine d'interdiction, & à tous Huissiers
de procéder à leur execution à peine de punition corporelle ; veut & entend au surplus S. M. que ses Lettres Patentes du 15
Août 1752, & les Arrêts de son Conseil
des 16 Septembre & 25 Novembre 1755,
& 31 Mars de la présente année soient exécutés selon leur forme & teneur ; & sera le
present Arrêt signifié de l'ordre de S. M.
tant au Proc. Gen. qu'au Greffe de ladite
Cour, & imprimé, lu, publié & affiché dans
la ville de Bordeaux & partout ailleurs où
il appartiendra, afin que personne n'en
ignore. Fait au Conseil d'Etat du Roi, S.
M. y étant, tenu à Versailles, le 11 Avril
1756, signé sur l'expédition en parchemin,
    PHELIPEAUX, *avec paraphe.*

Le 22 jour d'Avril 1756, avant midi,
l'Arrêt dont copie est ci-dessus, & de l'autre part rendu du propre mouvement du

Roi, S. M. étant en son Conseil d'Etat, a été de l'ordre exprès de S. M. signifié & d'icelui laissé la présente copie aux fins y contenues, réitérant les défenses y portées à MM. composans le Parlement de Bordeaux, en la personne de Maître J. B. Roger l'un des Greffiers en chef de ladite Cour, en son domicile près S. Cristoly, en parlant à sa personne, à ce qu'il n'en ignore, & ait à informer à l'instant mesdits Sieurs composans le Parlement de Bordeaux du contenu en icelui, pour qu'ils aient à s'y conformer, par nous Charles-Louis Vassal Huissier ordinaire du Roi en ses Conseils, soussigné.

Signé, VASSAL.

EXTRAIT

DES REGISTRES DE PARLEMENNE.

Du 12 Avril 1756.

OUI Lanusse Procureur de Roux, ensemble Dudon pour le Procureur Général du Roi :

LA COUR, toutes les Chambres assemblées ayant aucunement égard à la Requête de la partie de Lanusse, du consentement du Procureur Général du Roi a levé son interdit, lui permet de reprendre les fonctions de son office, lui enjoint de se conformer aux Arrêts de la Cour, notamment à celui du treize novembre dernier ; au surplus faisant droit des conclusions du Procureur Général du Roi, lui octroie acte de sa plainte de la contravention commise par Comarieu son Subſtitut au Bureau du Domaine, Carthon, Laborde, Delbos, & Courtieu Treſoriers de France, de ce qu'au mépris du Décret d'ajournement perſonnel contre eux décerné par les Arrêts des 12 & 30 Mars, ils ſont entrés & pris ſéance audit Bureau, lui permet d'en informer pardevant un des Conſeillers du Roi en la Cour qui ſera à ces fins commis & député, pour l'information, faite au Procureur Général du Roi communiquée & à la Cour rapportée, être ordonné ce qu'il appartiendra. Fait à Bordeaux en Parlement, le 12 Avril 1756.

Monſieur LE BERTHON *Premier Préſident.*

A R R E T

DE LA COUR DE PARLEMENT.

Du 13 *Avril* 1756.

Extrait des Regiſtres de Parlement.

CE jour, toutes les Chambres aſſemblées, le Procureur Général du Roi eſt entré,

& a dit ; qu'il lui a été fignifié ce matin une
Arrêt rendu au Confeil le 31 Mars dernier,
portant caffation de l'Arrêt rendu par la
Cour le 12 dudit mois de Mars , fur quoi
eue délibération ; La Cour , attendu que ledit Arrêt du Confeil n'eft point revêtu de
Lettres Patentes , a déclaré au Procureur
Général du Roi qu'elle ne peut en prendre
lecture , & néanmoins a ordonné & ordonne qu'il fera fait audit Seigneur Roi de très-
humbles & très-refpectueufes Remontrances , dans lefquelles il fera repréfenté à Sa
Majefté que fes volontés ne peuvent être
connues de fon Parlement qu'autant qu'elles lui feront adreffées directement par des
Lettres Patentes , fujettes de leur nature à
la vérification & enregiftrement :

Que la fignification faite à fon Procureur General eft une voie infolite que fon
Parlement ne peut reconnoître , parce
qu'elle eft contraire aux Loix fondamentales de l'Etat , qu'elle eft peu digne de Sa
Majefté Royale , & tend à diminuer , dans
l'efprit des peuples , le refpect & l'obéiffan-
ce due à la juftice fouveraine dudit Seigneur Roi dans fa Cour de Parlement ;
que cette dérogation aux formes , de tout
tems obfervées , ne peut qu'enhardir les
inférieurs à tout entreprendre contre l'autorité de leurs Supérieurs légitimes , & les
conduire à l'indépendance : que ledit Seigneur Roi fera très-humblement fupplié de
vouloir bien donner les ordres les plus

précis pour éviter que l'on n'abuse à l'avenir de son nom, en surprenant de la religion de son Conseil des Arrêts si contraires au bien de la Justice, & auxquels le respect & l'amour de son Parlement pour la personne sacrée de Sa Majesté, son attachement inviolable aux Loix imprescriptibles du Royaume, & la religion de son serment, ne permettront jamais d'obtempérer.

Et cependant ladite Cour ordonne que ses Arrêts & Arrêtés des 13 Novembre 1755, 13 & 30 Mars dernier & du jour d'hier, seront executés selon leur forme & teneur, jusqu'à ce qu'il ait plu audit Seigneur Roi d'écouter favorablement les Remontrances de son Parlement & de lui faire connoître authentiquement ses volontés. A ces fins, enjoint ladite Cour au Procureur-General du Roi de faire signifier le présent Arrêt aux Officiers du Bureau des Finances de cette Ville en la personne de leur Greffier, aux fins qu'ils n'en prétendent cause d'ignorance; comme aussi de le faire connoître à tous ses Substitus dans les différens Bailliages & Sénéchaussées du Ressort, afin que les Officiers desdits Sieges aient à s'y conformer. Fait à Bordeaux en Parlement, toutes les Chambres assemblées, le 13 Avril 1756.

M. Le Berthon Premier Président.
Collationné. Signé. Barret Greff.

LOUIS, par la grace de Dieu, Roi de France & de Navarre : Au premier notre Huissier ou Sergent Royal sur ce requis, à la requête de notre Proc. Gen. en notre Cour de Parlement à Bordeaux, Te mandons signifier l'Arrêt de notredite Cour en date du jour d'hier, dont l'extrait est ci-attaché sous le contre-scel de notre Chancellerie, à tous ceux qu'il appartiendra, aux fins qu'ils ne l'ignorent, & aient à y obéir & à s'y conformer ; & fais pour l'execution dudit Arrêt, tous Exploits & autres Actes requis & nécessaires ; de ce faire te donnons pouvoir. Donné à Bordeaux, en notre Parlement, le 14 Avril, l'an de grace 1756, & de notre regne le quarante - unieme. *Collationné. Signé*, *Par la Chambre.* DUMAS. & scellé.

EXTRAIT

DES REGISTRES DE PARLEMENT.

Du Mercredi 28 Avril 1756.

CE jour, toutes les Chambres assemblées, le Procureur General du Roi est entré, & a dit ; qu'il lui fut signifié le 22 de ce mois un Arrêt rendu le 11 du même mois, dans la même forme que celui dont il rendit

rendit compte à la Cour le 13 de ce mois, que ledit Arrêt du Conseil du 11 du mê-me mois prononce la caſſation de celui rendu par la Cour, les Chambres aſſem-blées, le 30 Mars dernier.

Sur quoi, eue délibération, La Cour, en perſiſtant dans ſes Arrêtés dudit jour 13 de ce mois, a ordonné & ordonne qu'il ſera ajouté aux très humbles & très-reſpec-tueuſes Remontrances qui ſeront faites au Roi, de nouvelles inſtances, pour ſup-plier S. M. de n'attribuer l'inſiſtance de ſon Parlement, qu'à ſon zele pour le maintien des Loix de l'Etat & de ſes précieuſes ma-ximes, deſquelles ſon amour & ſon reſ-pect pour la perſonne ſacrée de Sa Majeſté ne lui permettent pas de ſe départir ſans trahir ſes devoirs les plus eſſentiels, & ſans violer la religion de ſon ſerment ; au ſur-plus, ladite Cour ordonne que ſes Arrêt & Arrêtés des 13 Novembre 1755, 12 & 30 Mars dernier, 12 & 13 de ce mois ſe-ront executés ſelon leur forme & teneur, juſqu'à ce qu'il ait plu audit Seigneur Roi de faire connoître autentiquement ſes vo-lontés à ſon Parlement ; enjoint ladite Cour au Procureur General du Roi de faire ſignifier le préſent Arrér aux Officiers du Bureau des Finances de cette Ville en la perſonne de leur Greffier, aux fins qu'ils n'en prétendent cauſe d'ignorance ; comme auſſi de le faire connoître à tous ſes Subſti-tuts dans tous les différens Bailages & Sé-

H

néchauffées du Reffort , afin que lefdits
Officiers defdits Sieges aient à s'y conformer. Fait à Bordeaux , en Parlement , toutes les Chambres affemblées , le 28 Avril
1756.

M. Le Berthon Premier Préfident.

Collationné. Signé, Barret *Greff.*

LOUIS, par la grace de Dieu Roi de
France & de Navarre , Au premier notre
Huiffier ou Sergent fur ce requis , à la requête de notre Procureur General en notre
Cour de Parlement à Bordeaux , Te mandons fignifier l'Arrêt de notredite Cour ,
en date du 28 du prefent mois , dont l'extrait eft ci-attaché fous le contre-fcel de
notre Chancellerie , aux dénommés audit
Arrêt , & à tous autres qu'il appartiendra ,
& dont fera requis , aux fins qu'ils ne l'i-
gnorent , & aient à y obéir ; pour raifon de
quoi & de l'entiere exécution dudit Arrêt
& des préfentes , fais tous Exploits , Significations , Commandemens . Affiches , Publications , & autres Actes à ce requis &
néceffaires. Donné à Bordeaux , en notredit Parlement , le premier Mai 1756, & de
notre regne le quarante-unieme.
Collationné. Par la Chambre. Signé, Dumas.

ARRET DU CONSEIL.

Du 9 Maï 1756.

Extrait des Regiſtres du Conſeil d'Etat.

LE Roi ayant, par les Arrêts rendus de ſon propre mouvement les 31 Mars & 11 Avril, caſſé & annullé ceux du Parlement de Bordeaux des 12 & 30 Mars de cette année, & fait défenſes à cette Cour d'en rendre à l'avenir de pareils, Sa Majeſté n'a pu apprendre qu'avec le plus grand mécontentement, qu'au préjudice des défenſes qu'elle a faites audit Parlement par l'Arrêt du 31 Mars, & qui lui ont été ſignifiées & réitérées de l'ordre exprès de S. M. le 13 Avril, ledit Parlement s'eſt porté à rendre le même jour un nouvel Arrêt, par lequel il ordonne l'exécution de ceux qu'il a précédemment rendus; & S. M. ne pouvant trop tôt reprimer, ni d'une maniere trop marquée, un attentat ſi caractériſé contre ſon autorité; vu la copie imprimée dudit Arrêt du Parlement de Bordeaux du 13 Avril dernier, oui le rapport du ſieur Peirenc de Moras Conſeiller d'Etat & ordinaire au Conſeil Royal, Controlleur General des Finances; Le Roi étant en son Conseil, a cassé & annullé, casse & annulle ledit Arrêt du Parlement de Bordeaux du 13 Avril dernier, ensemble tout ce qui s'en est ensuivi ou peut s'en-suivre ; veut & entend S. M. que toutes les dispositions dudit Arrêt soient regardées comme nulles & non-avenues ; fait itera-tives défenses audit Parlement d'en rendre à l'avenir de pareils, à tous Greffiers d'en délivrer des expéditions à peine d'interdic-tion, & à tous Huissiers de procéder à leur exécution à peine de punition corporelle ; ordonne S. M. que l'ancien Président dudit Parlement, l'ancien Conseiller de la Grand' Chambre, & l'ancien Conseiller de chaque Chambre, ayant assistés à la déliberation du 13 Avril, seront tenus de se rendre dans le délai d'un mois du jour de la significa-tion du présent Arrêt, à la suite du Con-seil, pour rendre compte de la conduite du Parlement ; veut & entend au surplus S. M. que ses Lettres Patentes du 15 Août 1752, & les Arrêts du 16 Septembre & 25 Novembre 1755, 31 Mars & 11 Avril 1756 soient exécutés selon leur forme & teneur ; & sera le présent Arrêt signifié de l'ordre de S. M. tant au Procureur Général qu'au Greffier de la Cour. Fait au Conseil d'Etat du Roi, S. M. y étant, tenu à Versailles le 9 Mai 1756, signé sur l'expédition en par-chemin, PHELIPEAUX, *avec paraphe.*

Le 18 Mai 1756 environ l'heure de midi, l'Arrêt dont copie est ci-dessus, rendu du propre mouvement du Roi, S. M. étant en son Conseil, a été de l'ordre expresse de S. M. signifié, & d'icelui laissé la présente copie aux fins y contenues, réitérant les défenses y portées à Messieurs composans le Parlement de Bordeaux, en la personne de Maître Jean-Baptiste Roger l'un des Greffiers en chef de ladite Cour, en son domicile près S. Cristoli, en parlant à sa personne, à ce qu'il ait à informer à l'instant mesdits Sieurs composans le Parlement de Bordeaux du contenu en icelui pour qu'ils n'en ignorent & ayent à s'y conformer, par nous Charles-Louis Vassal Huissier ordinaire du Roi en ses Conseils soussigné.

Signé, VASSAL.

ARRET DU CONSEIL.

Du 11 Mai 1756.

Extrait des Registres du Conseil d'Etat.

LE Roi étant informé qu'au préjudice de l'Arrêt par lui rendu le 11 Avril dernier, par lequel S. M. auroit cassé & annullé l'Arrêt rendu au Parlement de Bordeaux le 31 Mars précédent, & fait défenses audit Par-

H iij

sement de rendre à l'avenir de pareils Arrêts, à tous Greffiers d'en délivrer des expéditions à peine d'interdiction, & à tous Huissiers de procéder à leur exécution à peine de punition corporelle, ledit Parlement qui a eu connoissance dudit Arrêt rendu par Sa Majesté étant en son Conseil, par la signification qui en a été faite, tant au Procureur Général, qu'au Greffier en chef de ladite Cour, auroit rendu Arrêt le 28 dudit mois d'Avril, par lequel il auroit ordonné l'exécution de ceux qu'il a précédemment rendus; & Sa Majesté ne pouvant trop tôt réprimer une conduite si contraire à l'obéissance due à sa volonté manifestée d'une maniere si précise audit Parlement, Oui le rapport du sieur Peirenc de Moras Conseiller ordinaire au Conseil Royal, Controlleur Général des Finances, Le Roi étant en son Conseil, a cassé & annullé, casse & annulle ledit Arrêt du Parlement de Bordeaux du 28 Avril dernier, fait itératives défenses audit Parlement d'en rendre de semblables à l'avenir; ordonne Sa Majesté que Barret qui a expédié ledit Arrêt, sera & demeurera interdit de ses fonctions de Greffier en chef dudit Parlement; veut & entend au surplus S. M. que les Arrêts de son Conseil des 16 Septembre & 25 Novembre 1755, 31 Mars, 11 Avril & 9 Mai 1756 soient exécutés selon leur forme & teneur; & sera le présent Arrêt signifié de l'ordre de S. M., tant au Procureur Général qu'au Greffier de ladite Cour. Fait au Conseil d'Etat du Roi, S. M. y étant, tenu à Versailles le 11 Mai 1756, signé sur l'expédition en parchemin, PHELIPEAU, *avec paraphe.*

Le 25 Mai 1756, avant midi, l'Arrêt dont copie est ci-dessus, rendu du propre mouvement du Roi, S. M. étant en son Conseil d'Etat, a été de l'ordre expresse de S. M. signifié & d'icelui laissé la présente copie aux fins y contenues, réitérant les défenses y portées à Messieurs composans le Parlement de Bordeaux, en la personne de Me. Jean-Baptiste Roger l'un des Greffiers en chef de ladite Cour, en son domicile près S. Christoli, en parlant à sa personne, à ce qu'il ait à informer à l'instant mesdits Sieurs composans le Parlement de Bordeaux du contenu en icelui, pour qu'ils n'en ignorent & aient à s'y conformer, par nous Charles-Louis Vassal Huissier ordinaire du Roi en ses Conseils soussigné.

Signé, VASSAL.

Copie de la Lettre de Cachet adressée à l'ancien Président du Parlement de Bordeaux, du 9 Mai 1756.

Mons.... Je vous fais cette Lettre pour vous dire que mon intention est que vous vous rendiez à la suite de mon Conseil dans le délai d'un mois, sans passer par la ville de Paris, pour rendre compte de la conduite de ma Cour de Parlement de Bordeaux, la présente n'étant à autre fin, Je prie Dieu, Monf.... qu'il vous ait en sa sainte garde. Ecrit à Versailles, le 9 Mai 1756.

LOUIS.

PHELIPEAUX.

Copie de la Lettre de M. de Saint-Florentin écrite au même Président, en lui envoyant la Lettre de Cachet.

A Versailles le 9 Mai 1756.

MONSIEUR,

Le Roi ayant ordonné par un Arrêt du Conseil de ce jour, que l'ancien Président de son Parlement de Bordeaux, l'ancien Conseiller de la Grand' Chambre, & l'ancien Conseiller de chaque Chambre, ayant assisté à la délibération du 13 Avril der-

nier, seront tenus de se rendre dans le délai d'un mois à la suite du Conseil, pour
rendre compte de la conduite du Parlement ; je vous envois l'ordre du Roi qui
contient les intentions de Sa Majesté.
Vous vous conformerez, s'il vous plaît,
à ce qui vous y est prescrit.   Je suis,

MONSIEUR,

> Votre très - humble
> & très-obéïssant
> Serviteur,
>
> SAINT-FLORENTIN.

*La Lettre de Cachet qui regarde Messieurs
les Conseillers mandés, est conçue dans les
mêmes termes que la précédente. La Lettre
de M. de S. Florentin qui l'accompagne est
aussi la même, à la réserve du cérémonial.
Elle commence ainsi : Le Roi ayant ordonné, Monsieur, par un Arrêt, &c. & finit
par ces mots : On ne peut, Monsieur, vous
honorer plus parfaitement que je le fais.*
Saint-Florentin.

H ç

*Lettre de Cachet (*) adreſſée à Méſ-
ſieurs les Conſeillers exilés , du 9
Mai 1756.*

Monſ...... Je vous fais cette Lettre
pour vous dire que mon intention eſt que
vous ſortiez inceſſamment & ſans délai de
ma ville de Bordeaux, & que vous vous
rendiez à celle de ...... où vous reſte-
rez juſqu'à nouvel ordre ; la préſente n'é-
tant à autre fin, Je prie Dieu , Monſ.....
qu'il vous ait en ſa ſainte garde. Ecrit à
Verſailles le 9 Mai 1756.

LOUIS.

PHELIPEAUX.

ARRETÉS

Du Parlement de Bordeaux.

Extrait des Regiſtres du Parlement.

Du 26 Mai 1756.

CE jour, La Cour, toutes les Chambres aſſemblées, délibérant ſur le compte

---

(*) La Lettre de Cachet eſt égale pour les trois
Exilés , à l'exception du lieu de l'exil. Le Préſident
de Gaſc eſt exilé à Soiſſons, M. de Griſſac à Yſſoire,
& M. Carriere à Bourges.

rendu par le Procureur-Général du Roi d'un Arrêt du Conseil du 9 du courant à lui signifié le 18, & d'un autre Arrêt du Conseil du 11, à lui signifié le jour d'hier, portant, entr'autres dispositions, l'interdiction d'un Officier de la Cour en la personne d'un des Greffiers en chef d'icelle ; ensemble sur les ordres adressés à trois de ses Membres de se rendre dans le lieu qui leur est indiqué, & sur ceux qu'ont reçus cinq autres de ses Officiers de se rendre à la suite du Conseil dudit Seigneur Roi :

A été arrêté, qu'il sera fait une députation solemnelle vers ledit Seigneur Roi, à l'effet de lui présenter les très-humbles & très-respectueuses Remontrances délibérées les 13 & 28 Avril dernier, auxquelles il sera ajouté que rien ne peut égaler la douleur de son Parlement, à la vue des marques de mécontentement que ledit Seigneur Roi vient de lui donner en cassant, comme attentatoires à son autorité, des Arrêts que la fidélité de son Parlement lui avoit dictés, & en adressant des ordres rigoureux à trois de ses membres que leur zèle pour la gloire de Sa Majesté, leurs lumieres & leurs vertus rendent également chers à leur Compagnie & à leur Province :

Qu'il sera de plus représenté audit Seigneur Roi, que par état & par la religion du serment, son Parlement est dans l'indispensable nécessité de reclamer & d'agir contre l'inobservation des formes anciennes, pratiquées de tous les tems pour le maintien des Loix fondamentales du Royaume dont le dépôt sacré lui est confié.

Que dans l'amertume de sa douleur, son Parlement met toute sa confiance dans la bonté dudit Seigneur Roi, & dans la justice d'un Prince qui met lui-même toute sa gloire à la faire regner sur ses Peuples, & à les rendre heureux.

Du Mercredi 16 Juin 1756.

CE jour, toutes les Chambres assemblées, le sieur Premier Président a communiqué la Lettre qu'il a reçu le 9 du présent mois de M. le Chancelier en réponse à celle qu'il lui avoit écrite en lui envoyant l'Arrêté du 26 Mai dernier. Lecture faite de ladite Lettre, de l'Arrêté du 26 Mai, ensemble de ceux des 13 & 28 Avril précédens,

Eue délibération, La Cour, ne pouvant plus contenir l'excès de sa douleur à la vue des imputations accablantes qui lui sont faites, d'avoir manqué à la soumission & à la fidélité qu'elle doit à son Souverain, d'avoir même commis un attentat à son autorité par les Arrêts qu'elle a rendus ; considérant aussi les surprises multipliées faites à la religion & à la bonté du meilleur des Rois, pour soutenir les Lettres Patentes accordées au Bureau des Finances de cette Ville le 15 Août 1752; se rappellant à elle-même tout ce qu'elle a fait pour obtenir que sa réclamation contre lesdites Lettres Patentes fut examinée par les véritables principes du droit public & de la législation; considérant de plus que dans l'état d'humiliation où elle est réduite, & dans l'impossibilité de pouvoir porter, par elle-même & de vive voix, ses justes plaintes aux pieds du Trône, elle ne doit s'occuper que du soin de justifier aux yeux dudit Seigneur Roi, l'exactitude de sa conduite & de celle de ses membres, a arrêté que toutes les Chambres d'icelle demeureront assemblées, pour y vacquer incessamment & sans relâche.

A ces fins, sera très-respectueusement remontré audit Seigneur Roi, ainsi qu'il a été arrêté lesdits jours 13, 28 Avril & 26 Mai derniers, que ses volontés ne peuvent être connues de son Parlement, qu'autant qu'elles lui sont adressées directement par des Lettres Patentes sujettes de leur nature à la vérification & enregistrement.

Que toutes les autres voies qu'on peut employer pour les lui faire connoître, sont insolites; qu'en diminuant dans l'esprit des peuples le respect & l'obéissance dues à la Justice souveraine de Sa Majesté dans sa Cour de Parlement, elles sont essentiellement opposées aux véritables intérêts dudit Seigneur Roi pour le maintien de son autorité.

Que son Parlement ne peut, sans violer la religion de son serment, s'empêcher de reclamer pour la conservation des maximes fondamentales de l'Etat, & d'agir sans cesse contre l'inobservation des formes anciennes qui en garantissent la durée & la perpétuité.

Que des motifs aussi pressans pour des Magistrats fideles à leur devoir, n'ont pas permis à son Parlement d'obtempérer aux Arrêts du Conseil signifiés à la personne de son Procureur Général & du Greffier en chef deladite Cour.

Que lesdits Arrêts portant tous les caracteres de la surprise faite audit Seigneur Roi, par des gens ambitieux d'une Jurisdiction dont ils sont incapables par état, & dont son Parlement ne peut pas être dépouillé suivant les Loix du Royaume, Sa Majesté est suppliée de n'attribuer l'insistance de son Parlement, qu'à son zele pour le maintien des mêmes Loix dont le dépôt sacré lui est confié.

Que rien n'est plus opposé à ces maximes fondamentales, au bien du service dudit Seigneur Roi, & à l'avantage de ses Sujets, que ces ordres rigoureux que les plus injustes délations peuvent quelquefois déterminer.

Sera de plus ledit Seigneur Roi supplié de considérer combien ces ordres qui enle-

vent des Magiſtrats à leurs fonctions, ſont
oppoſés aux Ordonnances (*), à la ſureté
& à la liberté légitime, ſans leſquelles ils
ſont hors d'état de les remplir : combien
eſt douloureuſe pour eux l'alternative néceſſaire, ou de manquer au devoir que la
loi du ſerment leur impoſe, ou de s'expoſer
à la diſgrace de leur Souverain ; combien
auſſi il eſt douloureux pour ſon Parlement
d'être privé des ſoins & de l'activité de
celui de ſes Magiſtrats, au zele duquel il
avoit donné ſa confiance pour faire valoir
auprès des Miniſtres dudit Seigneur Roi,
en qualité de Député, les juſtes motifs de
ſa reclamation ; qu'enfin rien n'eſt plus digne de la bonté & de la juſtice de Sa Majeſté que de rendre à ſon Parlement des
Magiſtrats qui ne méritent pas moins ſa
protection Royale par leur fidélité & leur

(*) Voulons auſſi qu'aucuns de nos Sujets de quelque qualité & condition qu'ils ſoient, ne ſoient à
l'avenir traités criminellement que ſelon les formes
preſcrites par les Loix de notre Royaume & Ordonnances, & non par Commiſſaires & Juges choiſis ;
& que l'Ordonnance du Roi Louis XI, du mois
d'Octobre 1467, ſoit gardée & obſervée ſelon ſa
forme & teneur, & icelle interprétant & exécutant,
qu'aucun de nos Officiers des Cours Souveraines &
autres ne puiſſe être troublé ni inquieté en l'exercice
& fonction de ſa charge par Lettres de Cachet ou
autrement, en quelque ſorte ou maniere que ce ſoit :
le tout conformément auſdites Ordonnances & à
leurs Privileges. *Déclaration du Roi du 22 Octobre
1648, regiſtrée le 24.*

amour pour sa personne sacrée, que par leurs lumieres & leur intégrité.

Au surplus sera représenté audit Seigneur Roi que l'interdiction décernée contre Barret, l'un des Greffiers en chef de ladite Cour, ne devoit jamais tomber sur un Ministre de la Justice obligé par état de signer des Arrêts dont il ne lui est pas permis d'examiner la validité : qu'une peine qui inflige une notte sur un Officier public, ne peut être prononcée que sur des procédures régulieres par les Juges naturels de l'Accusé ; & que, par une loi aussi ancienne que la Monarchie, les Membres du Parlement qui se rendent coupables de quelque délit, n'ont d'autres Juges que le Parlement même.

Que son Parlement n'est pas moins fondé à réclamer contre la détention de l'Huissier Piet ; qu'en punissant ainsi des Ministres inférieurs, on les autoriseroit à examiner s'ils doivent exécuter ou non les ordres qu'ils reçoivent de leurs Supérieurs ; que ce seroit ouvrir la porte aux abus les plus étranges, avilir l'état des Magistrats, & rendre l'autorité sans force dans leurs mains.

EXTRAIT

DES REGISTRES DU PARLEMENT DE PARIS.

Du Vendredi 2 Juillet 1756.

CE jour, la Cour, toutes les Chambres assemblées, délibérant à l'occasion d'un Imprimé ayant pour titre : *Arrêtés du Parlement de Bordeaux*, A ARRÊTÉ qu'il sera fait au Roi de très-humbles & très-respectueuses Remontrances sur les surprises journalieres faites à la religion dudit Seigneur Roi, lesquelles tendantes à détruire la sureté des Officiers des différentes classes de son Parlement, la dignité de leur caractere & la liberté de leurs suffrages, ne pourroient avoir d'autre effet que d'anéantir toute Magistrature, toute Justice & tout ordre dans l'Etat, de renverser sa forme constitutive, & d'entraîner sa ruine & celle de l'autorité Royale.

ARRÊTÉ

Du Parlement de Bordeaux.

Extrait des Regiſtres du Parlement.

Du Mercredi 21 Juillet 1756.

CE jour il a été fait lecture, aux Chambres aſſemblées, des Remontrances délibérées le 16 Juin dernier, il a auſſi été fait lecture d'une Lettre que la Compagnie a l'honneur d'écrire au Roi pour annoncer à Sa Majeſté l'envoi de ſes très-humbles Remontrances, & pour la ſupplier de vouloir les accueillir favorablement. Sur quoi leſdites Remontrances & le projet de Lettre ayant été approuvés, il a été déterminé que la Lettre & les Remontrances ſeront envoyées aux formes ordinaires par le Courier prochain qui partira ſamedi 24 du courant.

Ce fait, le Sieur Premier Préſident a dit qu'il ne pouvoit ſe diſpenſer de faire part à la Cour des ſollicitations réitérées de M. le Chancelier, par leſquelles il l'invite & le preſſe d'engager la Compagnie à reprendre ſes fonctions & ſon ſervice ordinaire, après que les Remontrances auront été agréées, & que l'envoi aura été déterminé ; que M. le Chancelier l'a chargé de lui repréfenter que le premier devoir des Magiftrats eft de rendre la juftice aux peuples à la décharge du Roi ; qu'ils y font obligés par la religion du ferment, & que rien ne peut les en difpenfer ; à quoi ledit Sieur Premier Préfident a ajouté qu'on lui faifoit craindre que les Remontrances ne feroient ni lues, ni examinées, ni répondues, tandis que la Compagnie perfifteroit à demeurer dans l'état d'inaction où elle eft ; que de plus on lui laiffoit entrevoir que la reprife du fervice pouvoit faire efpérer que la Compagnie obtiendroit plus aifément de la bonté du Roi le retour de fes Membres mandés & exilés, & la fin de toutes les difgraces qu'on lui fait éprouver.

La matiere mife en délibération, il a été dit que les motifs qui ont déterminé la Cour à délibérer que les Chambres demeureroient affemblées, fubfiftoient toujours, & qu'il n'étoit rien furvenu de nouveau qui pût l'engager à fe départir de cette délibération.

Que c'étoit un parti forcé qu'elle n'avoit pris dans l'excès de fa douleur, que parce qu'elle avoit été réduite à l'impoffibilité d'exercer fes fonctions avec fureté & liberté.

Que cette impoffibilité étoit toujours la même, puifque quatre de fes Membres, diftingués par les places qu'ils occupent dans sa Compagnie, étoient actuellement retenus dans une espece de réat à la suite du Conseil du Roi, & que la Cour elle-même se trouvoit enveloppée dans ce réat.

Que trois autres de ses Membres, du nombre desquels est le Sieur Président de Gascq son Député, sont encore dans le lieu de leur exil, privés de leur liberté.

Que l'on n'a point retracté cette interdiction aussi irrégulierement qu'incompétemment prononcée contre un des Greffiers en chef de la Cour; que l'un de ses Huissiers est encore détenu prisonnier pour avoir exécuté ses Arrêts.

Qu'après ces coups redoublés, qu'après des traitemens qui ne blessent pas moins les droits du Citoyen que l'honneur & la dignité de la Magistrature, la Cour mit toute sa confiance dans le cœur paternel de Sa Majesté, & qu'à cet effet elle délibéra une députation solemnelle pour lui porter de vive voix ses justes plaintes; que contre toute attente on lui a interdit l'accès du Trône.

Que le refus qui lui a été fait de recevoir cette députation, est un nouveau trait de rigueur, qui aggrave tous les coups dont la Compagnie a été frappée.

Que si la loi du serment qui lie les Magistrats au Souverain & au Peuple, ne leur permet pas dans le cours ordinaire de cesser leurs fonctions, il est cependant des tems malheureux, des circonstances cruelles où ils s'y trouvent forcés, lorſque les Loix ne ſont plus reſpectées ; que l'on ſubſtitue l'arbitraire aux regles & aux maximes fondamentales de l'Etat ; que la reclamation des Magiſtrats n'eſt plus écoutée ; qu'on leur fait un crime de leur zele & de leur fidélité ; que l'on rend l'autorité ſans force dans leurs mains ; & qu'enfin l'on veut les réduire au ſilence par la perte de leur liberté, & par les traitemens les plus rigoureux & les plus inouis.

Que la Cour ſe trouve dans ces circonſtances cruelles dont il vient d'être parlé ; que malgré la juſtice de ſa reclamation, qui n'a pour objet que la Juriſdiction contentieuſe qui lui appartient eſſentiellement ſur le Domaine de la Couronne ; malgré la modération dont elle a toujours uſé, ſoit dans la maniere de reclamer, ſoit dans les voies dont elle s'eſt ſervie pour arrêter les entrepriſes d'un Tribunal inférieur, elle gémit cependant dans l'humiliation & dans le réat, accablée des marques éclatantes de la colere de ſon Souverain.

Que dans cet état dont elle ſent l'amertume bien plus qu'elle ne ſauroit l'exprimer, il n'eſt point de ferment qui puiſſe l'obliger à remplir des fonctions, dans leſquelles elle ne peut plus eſpérer de trouver l'honneur, la dignité, l'autorité, la liberté, la ſureté & la confiance des peuples, qui doivent en être inſéparables.

Que ces objets ont paru si frappans au premier Parlement du Royaume, qu'il a délibéré de faire à cet égard de très-humbles Remontrances à Sa Majesté.

Qu'il convient à la Cour d'attendre le succès de celles qu'elle a déterminé de faire partir samedi prochain, quoiqu'une triste expérience ait appris aux Compagnies combien peu elles doivent compter sur des Remontrances qu'il ne leur est pas permis de présenter elles-mêmes, ou par leurs Députés.

Que par les obstacles que la vérité trouve pour parvenir jusqu'au Trône, la Cour est obligée de recourir à toutes sortes de moyens pour solliciter & pour attirer sur son état & sur celui des Peuples de son Ressort les regards de son Souverain.

Par ces raisons, il a été unaniment délibéré que la Cour persistoit dans son Arrêté du 16 Juin dernier.

F I N.